시공간 없는 우주의 바깥

시공간 없는 우주의 바깥

ⓒ 이성만, 2024

초판 1쇄 발행 2024년 1월 4일

지은이   이성만
펴낸이   이기봉
편집   좋은땅 편집팀
펴낸곳   도서출판 좋은땅
주소   서울특별시 마포구 양화로12길 26 지월드빌딩 (서교동 395-7)
전화   02)374-8616~7
팩스   02)374-8614
이메일   gworldbook@naver.com
홈페이지   www.g-world.co.kr

ISBN   979-11-388-2645-7 (03200)

시공간 없는
우주의 바깥

the outher part of
a space-timeless universe

이성만 산문집 종교를 넘어

독서에서 길어 올린
진리 탐구 사유

좋은땅

서문

'지난 세월 나는 잘 살아 왔는가? 남은 인생은 어떻게 살아갈 것인가?'를 고민했다. 죽은 사람 앞에서 통곡할 것은 이 사람도 아무도 못 만나고 갔구나, 나도 누구 하나 못 만나고 갈 건가 하는 두려움에 진리를 논하는 서적을 틈나는 대로 읽고 사유했다. 이 책은 지난 5년 여의 결실이다.

나는 나름 알 수 있는 만큼만 받아들였고 해독했다. 또 레프 톨스토이 저서 《인생이란 무엇인가》에서 용기를 얻었다. 그는 세계 수많은 위대한 작품과 사상서에서 삶의 지혜를 가려 엮은 것이라고 했다. 또 원문을 엄격히 따르지 않고 이해하기 쉽게 다시 써 옮겼으며 때에 따라 간략하게 줄이기도 했는데,

그것은 지은이의 길고 복잡한 주장에서 하나의 단상을 뽑아내야 했기 때문이요, 어떤 경우에는 저자의 생각을 자신의 말로 표현한 것도 이따금 있었다. 그것은 지은이 말을 앵무새처럼 따라 옮기기보다 쉽게 다가가서 읽고 최상의 생각과 감정을 얻도록 위함이라고 하였다.

이 책 또한 자연스레 그런 과정이었다. 어찌 생각하면 독서와 사유를 통해 마지막 순간까지 깨어 있으려는 나의 몸부림의 소산이다. 나름

진리 탐구를 해 가면서 정리한 내용을 소박한 일기 형식으로 이 한 권의 책에 담았다. 부족하기도 일부는 틀릴 수도 있을 것이다. 하지만 책 속에 들어 있는 보화를 캐내어 선반에 가지런히 정돈해 두려는 그동안 나의 버릇이 틀리지 않았음이 감사하다.

지상에서 인간이 해야 할 진정한 일은 자기 존재를 영원한 것과 조화시켜 살아가는 것이다. 그때 비로소 사랑과 이성의 힘이 맑은 은하를 흐르듯 그를 통해 도도히 흘러갈 수 있다. 독서에서 길어 올려진 단상들이 쌓이고 이어져 강을 이루고 강은 달빛에 쿨럭이며 흐르면서 읽는 이 마음을 비치면 더 바랄 게 없겠다.

이성만

목차

2부 마음의 탄생

3부 대상에 갇힌 삶

4부 하나님의 정원

5부 깨달음 이후 빨랫감

1부 위대한 위험

선불리 신에게 접근했다가는 어떤 위험스러운 상황이 벌어질지 모른다. 하지만 그렇게 위험스럽긴 해도 신은 탐구해 볼 만한 가치가 있는 위대한 위험이다.

시공간 없는 우주의 바깥

우주는 신비 자체다. 하루 일과를 마치고 집에 이르러 집 현관문을 들어서기 전 나는 밤하늘을 한 번쯤 쳐다본다. 반짝이는 별 하나에 내가 살고 또 저 어느 별에서 누군가 무엇인가 나를 바라보는 이 있겠구나 생각도 해 본다. 나는 태백산맥이 섬섬옥수 남쪽 푸른 바다를 향해 내달리며 여인네 치맛자락같이 펼쳐진 해남의 두륜산 자락에서 태어나 자라서인지 까만 밤에 쏟아지는 별빛은 어릴 적부터 무척 궁금했다.

최근 읽고 있는 조그만 책, 일본의 마쓰바라 다카히코 교수 저《우주는 어떻게 시작되었는가》에서 많은 궁금함이 풀렸고 생각의 시원함도 느꼈다. 시공간의 시작, 시공간 없는 우주의 바깥, 우주의 순환 등 정리가 잘된 느낌이다. 책 내용을 나름 곱씹어 옮기자면 다음과 같다.

인간이 지닌 최대 의식 발현을 해 보아도 '우리가 직감하는 시간과 공간이란 우주 시작과 동시에 생긴다.'라고 말할 수밖에 없다. 둘은 한 몸뚱이다. 시간 있는 곳에 공간이 있고 공간 있는 곳에 시간이 있다. 그렇지 않으면 이 세상의 물리(物理)가 설명되지 않기 때문이다. 또 시간과 공간은 경계가 없다고 보아야 한다. 마치 지구가 둥글기에 처음과 끝이 없듯이 시공간의 의미도 이 우주 안에서만 있다.

이런 추상과 주장이 인류 최고 물리학자들로부터 나오는 이유는 시공
간이란 우주의 시작과 동시에 생겼다고 보는 것이 인간 의식의 최대치
요 한계이기에 그렇다. 그러므로 우리가 '우주의 바깥'을 상상하더라도
거기에 과거나 미래라는 시간 흐름이 있으리라는 생각은 부자연스럽
다. '시간의 시작'이라는 특이점에서는 남극점에 남쪽이 없듯 '시간의
시작'보다 앞선 시간은 없다고 생각하는 것이 자연스럽기 때문이다.

물론, 이러한 견해가 증명된 것 아니지만 그렇다고 전혀 억지스러운
이야기라고 생각되지 않는다. 그러므로 이를 바탕으로 상상해 볼 때,
우주의 시작 이전에는 무엇이 있었느냐 묻는 것은 한마디로 무의미하
다. 시간을 아무리 거슬러 올라도 우주 시작 이전엔 도달할 수 없기 때
문이다.

공간도 마찬가지다. 우주 안을 아무리 돌아다녀 보아도 공간이 우주
바깥으로 나가지는 못하므로, 우주 바깥에서 우리 우주를 들여다볼 수
없다고 보아야 한다. 따라서 우주의 시작에 원인이 있다면 그것은 '시
간과 공간을 초월한 곳에 있다.'라고 말할 수밖에 없다.

한마디로 우주의 시작 이전이라든지, 우주 바깥의 공간이라는 것은 우
리가 사는 우주에는 없다는 것이다. 만약 그런 것이 있다면 우리 우주
와는 이어지지도 연결되지도 않은 전혀 다른 차원의 무엇이어야 한다.
그러므로 우주를 탄생시킨 원인이 있다면 우리 우주를 초월한 곳에서

찾지 않으면 안 된다.

천체물리학자 故 스티븐 호킹의 '무(無)로부터의 우주 탄생론' 또한 마찬가지다. 그가 말하는 이 '무(無)로부터의 우주 탄생론'은 다시 말해 '닫힌 우주론'인데, 이는 불교나 힌두교에서 말하는 '순환 우주'를 뜻하기도 한다. 즉 우주는 최초의 무에서 급격히 팽창하다가 나중에는 다시 하나의 점으로 수축하는 순간 또다시 폭발하면서 그 순환을 다시 시작하게 된다는 것이다. 그러니 우주는 죽으면서도 죽지 않는다고 할 수 있고, 우리는 무로부터 나와서 무한한 유를 체험하다가 무로 돌아가게 되는 것이라고 말해도 무방해 보인다.

우주를 초월한 이 무엇인가를 우리는 '무'라고 부른다. '무'란 어떤 것도 없다는 의미가 아니다. 깨달은 이들 대부분 고백도 '무'란 비어 있으나 꽉 차 있다지 않은가. 불교에서도 우주를 탄생시킬 능력은 있지만, 시간과 공간이라는 속성은 갖지 않은 것이 '무'라고 말한다. 시간과 공간은 '무'에서 태어나기에 시간과 공간은 우주가 태어나기 이전에도 존재한다고 생각하는 것은 부자연스럽다.

인간은 날 때부터 시간과 공간 속에 살기 때문에 우리 경험의 범위를 완전히 뛰어넘는 '무'를 상상하기는 사실상 불가능하다. 그렇지만 시간과 공간의 '시작'에 대해 생각한다면, 불가피하게 시간과 공간이 없는 사태를 생각하지 않을 수 없는 것이다.

무아(無我)와 예수의 십자가

2천 년 전 당시 사람들의 기대와 달리 십자가 형벌로 나약하게 죽은 예수를, 우리가 인류의 메시아(구세주)로 또는 하나님 아들로 믿는 이유가 무엇인가. 예수가 3년여 공생애를 살면서 사람들의 이목을 끌었던 기적 때문인가.

하지만 성경은 오병이어 기적을 맛본 이들이 이후 다시는 굶주리지 않았다고 말하지 않는다. 또 병을 나았던 이가 다시는 병들지 않았다거나, 죽음에서 살아난 회당장 야이로의 딸 달리다굼 소녀와 죽은 지 나흘에 무덤에서 걸어 나온 나사로가 이후에는 다시 죽지 않았다고도 성경은 기록하지 않았다.

그보다는 예수가 천국 복음을 전파했기 때문이다. 천국 복음은 무엇인가. 그것은 하나님 나라를 의미한다. 그런데 예수가 말한 하나님 나라는 우리가 죽은 후에야 만나고 체험하는 나라가 아니다. 지금 여기서도 나와 우리 사이에 펼쳐 있는 나라인 것이다. 하나님이 통치하는 나라가 바로 하나님 나라이기 때문이다.

사람의 아들 예수는 인류에게 '생육하고 번성하여 땅에 충만하고 다스리라.'라는 하나님 말씀을 어떻게 하면 제대로 살아 낼 수 있는가를 몸소 실천으로 보인 것이다. 그것이 예수의 십자가다. 그리고 예수의 "메시아 됨"의 본질은 바로 '십자가 짐'이다. 우리가 예수를 따른다고 하는 것은 예수의 십자가를 메는 것이 아니다. 자기 자신의 십자가를 찾아서 메는 일이다.

그런데 자기의 십자가는 예수를 따르려는 모든 사람의 실존에 이미 내재하고 있다. 그러므로 지극정성으로 저마다 멜 자기 십자가가 무엇인지 찾아야만 한다. 예수를 믿고 따른다는 것은 한마디로 자기 십자가를 찾아서 메는 것이요, 예수처럼 십자가에서 자기가 죽는 것을 의미한다.

십자가를 진다는 것을 동양적 사고로 상고하자면, 궁극적으로 자기를 해체시키는 일이라고 말할 수 있다. 아상(我相), 곧 자기의 모습을 무화(無化)시키는 일이다. 철저하게 자신의 에고(Ego)를 제거하는 일이다. 예수는 자신의 모든 에고를 십자가에 못 박음으로써 비로소 사람의 아들이 하나님과 하나가 된 사태요, 하나님 아들이 된 것이다.

그러기 때문에 예수는 "나 예수의 십자가를 멜 생각을 말고, 너 자신의 십자가를 메라."라고 말했던 것이다. 그래야 악과 독과 죽음과 멸망에서 생명과 영생과 영원으로 부활할 수 있다고 한 것이지, 주여! 주여! 외친다고 천국에 들어갈 수 있는 것 아니라고 가르쳤던 것이다.

이생에서 예수의 말을 잘 믿어 육신이 죽고 천국에 가는 믿음이 틀린 것 아니지만, 마치 그것이 인생의 목적이 되어 버리면 그것이야말로 예수의 십자가를 절반만 아는 지식이 된다. 왜냐면 예수가 이 땅에 오시고 십자가에 달린 그 자체가 하나님 나라 도래이기 때문이다.

또 신앙의 궁극적 진실은 죽음을 대면하는 절박한 순간의 겸손과 순결성이라고 말할 수 있다. 구원받은 자의 특징은 죽음 앞에서 진솔한 겸손과 순결함이 있다. 한마디로 만물의 근원이요 창조주 하나님을 만나기 위해 또는 그분의 의를 구하기 위하여 아상(我相)을 해체시키는 무(無)의 순수함이다.

하나님에게 절대복종한다는 것은 결국 나를 비우는 일이다. 나의 이기적 에고의 아상(我相)을 전적으로 포기하는 것을 의미한다. 하나님을 사랑할 수 있을 때 우리는 비로소 참으로 이웃을 사랑할 수 있다고 말해야 한다. 그 사랑을 끝까지 붙잡고 살아갈 때 우리는 생명의 부활로 다시 태어날 수가 있다.

그러므로 박이약지(博以約之)라. 우리 인생 폭넓은 섭렵(博)이 하나의 아상 해체의 초점을 통해 집약(約)되지 않는 한 어떠한 결실도 기약할 수 없다. 그 결실이 자기 십자가다. 십자가는 결국 우리가 온전해지려는 이생의 노력이며 결실이다. 하나님에 대한 사랑은 무아(無我)이며 나의 십자가인 것이다.

공자의 제사와 신관

논어 제11편 〈선진편〉에는 공문십철(孔門十哲)의 한 사람인 자로(子路)가 귀신 섬기는 일에 관해 묻자, 공자는 "사람도 제대로 섬기지 못하는데 어찌 귀신을 섬길 수 있겠느냐." 말했고, 자로가 다시 죽음에 관해 묻자, 공자는 "삶도 잘 모르는데 어찌 죽음에 대해 알겠느냐." 대답했다.

이는 공자의 철학과 사상이 사후 세계에 있지 않음을 잘 알 수 있다. 공자의 가르침은 철저히 살아 있는 사람을 바탕으로 하고 있고 산 사람을 위함이다. 한마디로 공자 가르침은 인간이 따라야 할 바른 도리와 행실에 중심이 서 있는 것이다. 공자가 말하는 이 바른 도리와 행실이란 곧 우주의 이법(理法)을 말한다. 한자어 '우주(宇宙)'가 공간과 시간을 뜻하는 글자임을 상기하면 이법(理法)이란 시공간이 통합된 천도(天道)를 가리킨다.

공자는 우주 만물이 천도(天道)에 의거 생성·변화·번식한다고 보았다. 이는 오늘날의 우주물리학을 적용해도 틀린 말이 아니다. 그중에서도 공자는 인간만이 사랑의 공동체를 형성하고 대를 이어 가면서 역사와 문화를 계승하고 창조적으로 발전케 하는 만물의 영장으로 보고, 세상에 태어난 사람이라면 천도(天道)를 따라 사는 것이 현실적이고 실천적이며 지성적인 삶이라 확신했다.

그렇지만 공자도 내면적으로는 절대 신의 존재와 권위와 그리고 사람들의 신을 위한 작위(作爲)를 경외했다. 그렇기에 천신(天神)이나 지기(地祇) 혹은 산천의 신령(神靈)이나 선조의 귀신을 모시고 제사 지내는 것을 중요시했다.

그렇다고 공자가 천신이나 지기 혹은 산천의 신령을 유신론 혹은 미신적으로 파악해 행한 것은 아니다. 다만 공자는 제사 행위를 군자 예치의 하나로 높였던 것이지, 신이나 죽은 넋이 제사 의식의 장소를 찾아와 음식을 먹고 복을 빌어 준다는 오늘날 제사의 풍속과 습관은 사실 공자의 제사 의의와 신관에 비춰 볼 때 왜곡된 것이라고 할 수 있다.

그래서 공자는 귀신을 공경하되 가까이하지 말라는 경이원지(敬而遠之)를 가르친 것이다. 공자는 예부터 내려온 인습의 전통을 존중한 것이지 귀신 존재를 인정한 것은 아니다. 다만 공자는 삶의 근원이 하늘과 선조라는 것을 인식하고, 하늘과 선조들의 교훈과 수고를 교감하고 감사하기 위해 군자의 예치(禮治)로써 제사를 높였던 것이다. 신령이나 귀신에 대한 기복신앙의 제사가 아니었다.

오히려 공자의 제사와 신관은 인간 의식의 우주적 확대에 있다고 보아야 한다. 이는 곧 인간의 자아의식을 동물적 차원에서 정신적 우주적 차원으로 확대한 것이다. 인간 의식의 발원이나 발현의 메커니즘 (Mechanism)이 현대 과학에서도 아직 밝히지 못하고 있는 신비의 영역임을 고려하면 공자의 이 같은 기원전 의식의 확대는 인간 의식의 어마어마한 진보가 아닐 수 없다.

최근 뇌 연구와 신경과학 철학자들 노력이 계속되고 있어 언젠가 인간 의식의 발현 메커니즘이 밝혀지면 이는 곧 AI 인공지능로봇도 의식을 부착하게 됨을 의미한다. 그렇게 되면 인류 미래는 상상 밖의 변화에 직면하게 될 것이다. 공자는 절대적 신의 존재 유무와 또 천도(天道)의 근원이 그 무엇이라고 말씀하지는 않았다. 아마도 석가 붓다처럼 하지 말아야 할 말씀(說)은 하지 않았던 것 아닐까.

창조주가 자신을 의식했다면

카를 융의 자서전 《카를 융 : 기억 꿈 사상》 말미를 읽어 내려가고 있다. 그는 인간의 무의식은 경험에서만 얻어지는 것이 아니라고 말하고 있다. 즉 인간이 살아가면서 각종 희로애락의 경험이 우리 속에 무의식으로 쌓이고 내재해 있다가 그 사람 꿈을 통해 드러나는 것만은 아니라는 것이다. 카를 융은 인간 무의식은 우리 깊숙이 내재한 실재적 자기이고 들려오는 하나님 말씀이라고 말하고 있다.

물론 사람의 무의식에는 신비로운 면이 없지 않기에 나는 사람이 무의식을 통해 켜켜이 혹은 알게 모르게 깊숙이 쌓이고 박힌 경험적 무의식을 넘어, 무의식에 내재한 실재적 자기를 만나고 또 하나님 말씀을 듣는 일이 가능하리라 생각한다. 하지만 여기에는 그 무의식이 경험에서 쌓인 무엇인지 아니면 내재한 실재적 자기이고, 하나님의 말씀인지 구별은 필요해 보인다. 단정적이어서는 곤란하다.

특히 '만약 창조주가 자신을 의식했다면'을 가정한 카를 융의 논리적 주장은 매우 놀라운 것이면서도 신학적 논쟁의 여지가 커 보인다. 나는 카를 융의 책을 읽으면서 다음과 같은 의구심이 들었다. 그것은 사람의 의식은 태고의 우주를 거슬러 더듬어 찾게 된 우연의 산물일까? 무의식의 발견일까? 신의 선물일까? 또 인간 의식의 발원은 어디일까?

성경의 기록대로 하나님이 흙에 불어 넣은 생기가 전부일까? 의식 발현 구조는 앞으로 밝혀질까? 석가와 공자와 예수의 의식이 우주적 확대와 신과의 상호 존재와 합일 너머 그 하나에도 이르렀으니 사람 의식의 끝은 어디일까? 궁극에 인간은 의식을 만드는 신이 되는 것일까? 되다 말다가 멸종하려는 것일까? 하는 의문이었다.

카를 융이 어릴 적부터 줄곧 꾸었던 이상한 꿈과 이후 성장하여 당대 최고의 정신과의사로서의 경험을 토대로 인간 의식에 대한 그의 통찰과 논리적 주장은 기독교 가르침과 신앙을 벗어난 부분도 없지 않다. 오늘날 신학적 논란의 여지도 크다고 본다. 더구나 오랜 목사 집안의 전통에서 자라난 인물이었기에 의외라는 생각이 들었다. 하지만 그의 경험적 글과 주장은 유익한 측면도 크다. 맹신도 금물이지만 그렇다고 도외시할 것도 아니다. 나름 요약해 옮기자면 이렇다.

인간은 성찰하는 정신 덕분에 약육강식 동물의 세계에서 빠져나오게 되며, 인간 본성이 특히 의식의 발달을 높이 평가하고 있음을 그의 정신을 통하여 증명한다. 의식의 발달을 통하여 그는 자연을 소유하고 그 안에서 세계의 현존을 인식하며 이를테면 창조주를 입증한다. 이로써 세계는 현상이 된다.

의식적인 성찰 없이는 그렇게 될 수 없는 셈이다. 창조주가 자신을 의식했다면 그는 의식을 가진 피조물이 필요하지 않았을 것이다. 또 헤아릴 수 없이 많은 종(種)과 피조물을 생산해 내는 데 수백만 년을 소비한 지극히 우회적인 창조 과정이 목적 지향적인 의도에서 나왔다는 것은 있을 법하지 않은 일이다.

또 자연의 역사는 먹고 먹히는 수백만 년의 과정을 통한 부수적이고 우연한 종의 변화를 우리에게 이야기해 준다. 약육강식에 관해서는 생물학적이고 정치적인 인류 역사가 충분히 보여 준다. 하지만 인간 정신의 역사는 별개 문제다. 여기서는 성찰하는 의식의 기적, 제2의 우주진화론이 끼어든다.

의식의 의미는 무척 커서 다음과 같은 사실을 추측하지 않을 수 없다. 어마어마하고 의미 없는 것처럼 보이는 모든 생물학적 향연의 어딘가에 의미의 요소가 숨어 있다. 그 의미의 요소는 분화된 뇌와 항온동물의 단계에서 마침내 자신을 표명할 수 있는 길을 우연처럼 발견한 것. 그것은 의도되거나 미리 내다본 것이 아니라 어두운 충동으로부터 예감되고, 느낌으로 알게 되고, 손으로 더듬어 찾아진 것이다. 우리는 인간의 의식화 과정이 어디까지 이를 수 있을지, 그것이 어디로 인간을 옮겨 놓을지 모른다. 사람은 자신이 어떤 면에서는 비밀로 가득 찬 세계에 살고 있다는 신비를 감지해야 한다.

기독교 성경 창조신화에는 놀랍게도 인간 의식의 역사적 변형이 예견되어 있다. 그것은 뱀의 모습을 한 창조주의 적이 출현하여 첫 인간에게 선악을 알게 되는 인간 의식의 증대를 약속하면서 하나님에게 불순종하도록 꾀는 내용이다. 또 타락한 천사가 무의식을 통한 인간세계로의 침범과 하나님이 약속을 성취하기 위해 사람의 아들 예수 모습으로 직접 구원을 실현한 것도 인간 의식의 발전 과정이라고 말할 수 있다.

기독교 초기 성육신 관념은 '우리 속의 그리스도'라는 의식으로 발전하였다. 이것은 인간뿐만 아니라 창조주에게도 결정적 사건이다. 또 인간이 최고조에 달한 인간 의식이라고 할 수 있다. 그럼에도 앞으로 어떤 가능성이 인간 의식화 과정에 내재하고 있는지 모른다. 또 인간이라는 종(種)이 고대 동물 종류처럼 번성했다가 그저 사라질지도.

장자의 이별

어느 날 장자의 부인이 죽었다. 장자의 친구 혜시(惠施)가 조문을 갔다. 그런데 장자는 부인이 죽었는데도 질그릇을 두드리며 노래를 부르고 있었다. 그 모습을 보고 혜시가 말했다. "이보게 친구, 눈물을 흘리지 않는 것까지야 이해할 만한데, 어떻게 노래까지 할 수 있나?"

이에 장자가 대답했다. "이보게 친구, 나라고 하여 왜 슬프지 않겠는가? 그렇지만 곰곰이 근원을 따져 보니 내 아내는 죽은 것이 아니라 원래 모습으로 돌아간 것이네. 그러니 내가 축복해 주는 게 맞네."

보통 사람들은 아내가 죽으면 슬퍼해야 한다는 관념으로 눈물을 흘리고 슬퍼하느라 정신이 없다. 그런데 장자는 기존 관념의 방향을 획 틀어 근원을 살펴본 것이다. 장자 내면에 영감 한 덩어리가 불현듯 떠오른 것이리라. 그래서 장자는 이 같은 새로운 행위를 할 수 있었다.

보이지 않고 만질 수 없이 머릿속에 떠오르는 신령스러운 예감이나 느낌인 '영감(靈感)'은 우리 가까이에 있다. 불쑥 자기도 모르게 경험하게 되는 영감은 익숙함, 습관, 정해진 생각을 따라서는 만날 수 없는 신비 그 무엇이다. 우리가 영감을 경험하기 위해서는 장자처럼 생각의 방향을 바꾸는 일이 일어나야 한다. 장자가 질그릇 두드리며 노래하는 모습을 죽은 부인도 반겼을 것이다. 멋진 이별이며 근원에서의 해후 기약이다.

위대한 위험

어둑어둑 해 질 무렵에야 진드근히 앉아 카를 융의 자서전을 읽는다. 의식과 무의식의 내밀한 소통을 통해 불멸을 향한 그의 사랑과 모색을 읽는 재미 쏠쏠하다. 스위스 정신과의사이자 정신분석 심리학자인 카를 구스타프 융(1875~1961)은 80세가 넘은 나이에 인생을 돌아보며 자신의 일생을 '나의 생애는 무의식의 자기실현 역사다.'라고 규정했다.

여기서 융이 말하는 자기실현은 '자아'가 무의식 밑바닥 중심에 있는 '자기'를 진지하게 들여다보고 그 소리를 듣고 그 지시를 받아 나가는 과정을 가리킨다. 그러나 무수한 무의식 층이 겹겹이 가로막고 있어 '자기'의 소리가 '자아'에 잘 전달되지 않는데, 그리하여 '자기'는 '자아'에 꿈의 상징과 종교의 상징들을 통해 그 소리를 전하려고 한다는 것이다.

카를 융은 우리의 선입견과는 달리 일생을 종교적 주제에 매달려 있었다고 해도 과언이 아니다. 실제로 그의 아버지는 가난한 시골 교회 목사였으며, 아버지 형제로 두 명의 목사와 어머니 형제로 6명의 목사가 활동했던 성직자 집안 전통에서 자라났다. 그는 부친의 목사 활동을 지켜보며 실망하고는 어릴 적부터 목사가 되기보다 하나님(神) 존재를 심리학적으로 증명하려는 데 관심이 있었다. 그는 신을 가리켜 '위대한 위험'이라고 했다.

선불리 신에게 접근했다가는 어떤 위험스러운 상황이 벌어질지 모르기 때문이다.

하지만 그렇게 위험스럽긴 해도 신은 탐구해 볼 만한 가치가 있는 위대한 위험이라고 카를 융은 말하는 것이다. 카를 융은 죽기 2년 전인 1959년 영국 BBC 방송과 인터뷰를 했다. 그때 기자가 융에게 신을 믿느냐고 질문했다. 수백만의 TV 시청자들은 융이 과연 어떤 대답을 할까 긴장하며 기다렸다. 융이 천천히 대답했다. "나는 신을 압니다."

구원과 깨달음의 경지

구원과 깨달음 경지는 단순히 어둠 속에서 불빛이 번쩍하듯 오는 것이 아니다. 그것은 천천히 천천히 아주 조금씩 다가온다. 그 조금이라는 것도 자기 자신을 포함한 모든 사물을 관찰하고 탐구하는 각고의 노력 끝에 얻어진다. 그러니 구원이나 깨달음을 추구하는 이는 지상에서 가장 겸손한 학생이 아닐 수 없다.

구원과 깨달음 그 길은 평생이 걸리는 배움의 길이다. 이 길을 따라가다 보면 그동안 흩어져 있던 지식의 편린(片鱗)들이 서서히 모양을 갖추기 시작한다. 그리고 사물은 점차로 어떤 연결고리처럼 의미가 심장(深長)해진다. 물론 이 길에는 막다른 골목과 실망스러운 순간과 폐기해야 할 관념도 많다. 하지만 이 길은 우리 자신의 존재가 무엇인지에 대한 깊은 통찰과 이해에 도달할 수 있다.

우리는 정신적으로 완전히 성숙한 사람을 인생의 전문가라고 부르며 부러워한다. 그러나 이보다 더 큰 즐거움이 있다. 그것은 우주 만물의 근원이며 한 분뿐인 창조주 하나님과 하나가 되는 일이다. 이런 상태에 도달한 사람들 특징은 대게가 언제나 즐겁고 겸손하다. 그래서 그들은 말하기를 자신의 권능은 작은 것으로 자기보다 위대한 힘의 조그만 표현일 뿐이며, 단지 자신은 일종의 통로일 뿐이라고 고백한다.

그것은 진정으로 힘 있는 사람은 자기의식의 확대를 경험하게 되는데 이 자기의식의 확대는 역설적으로 자기 겸손과 자기 축소를 만나게 되기 때문이다. 그래서 그들의 유일한 소망은 창조주의 도구가 되는 것이고, 자기의 뜻이 아니라 당신의 뜻이 이루어지는 것이다.

에고(EGO)를 벗어난 자아의 발견은 언제나 고요히 사랑에 잠긴 것과 같이 조용한 기쁨으로 다가오는 특징이 있다. 마치 자기의 뜻에 알맞은 경계를 만난 것처럼 말이다. 하나님과 궁극적으로 결합되어 있다는 인식은 우리를 이 세상의 공허와 허무, 긴장과 불안, 외로움으로부터도 넉넉히 탈출하게 해 준다. 신과 인간의 합일은 매우 기이한 현상이고 신비다.

하나님의 미래

예수가 우리에게 가르친 하나님 나라의 도래는 하나의 과정으로 볼 수 있다. 예를 들어 최초의 복음서인 성경 마가복음의 씨 뿌리는 비유를 상고해 보면, 먼저 씨 뿌리는 사람이 등장하고 다음에 뿌려진 그 씨는 땅에서 소리 없이 자란다. 처음에는 작았다가 점점 자라 성숙함에 이르는 과정으로 예수는 하나님 나라를 비유하고 있다.

또 겨자씨 비유에서도 하나님 나라는 눈에 띄지 않게 아주 작은 시작에서 점차 눈에 띄게 성장한다. 그런데 막상 하나님의 나라가 충만해졌을 때 우리의 기대처럼 그 어떤 우주적 변화 또는 누구에게나 보이는 지구 사회의 대변혁을 동반하거나 아니면 작은 겨자씨 한 알이 거대한 삼나무 되는 것도 아니다.

예수가 그리고 있는 하나님 나라는 우리의 세속적 기대와 너무 다른 모습이다. 마치 우리 기대의 거품을 '펑' 터트리거나 '피시' 바람을 뺀다. 이는 하나님 나라에 대한 이해를 재조정하라는 예수의 말씀이다. 그분은 우리가 우리의 눈과 귀를 활짝 열어젖히고 이미 와 있는 하나님 나라의 현존 증거와 맛봄을 일상의 삶 속에서 발견하고 또 그렇게 살라고 권면하고 있다.

하나님 나라의 현존은 우리가 승인해야 하는 그 무엇도 아니다. 하나님 나라에는 경계가 없기 때문이다. 또 믿지 않으면 만나지 못하는 신비나 저 멀리 있는 어떤 것이 아니다. 예수의 비유 말씀을 보더라도 하나님 나라는 누구에게나 열려 있고, 보려면 볼 수 있으며 만질 수 있는 우리 일상에 퍼져 있는 은혜의 현상이고 과정이다. 한마디로 하나님 나라의 도래는 우리의 새로운 시작을 의미하고 촉구한다. 그것은 우리의 사고의 대전환에서 시작해 새로운 삶의 방식, 새로운 존재 양태를 불러일으키는 우리의 즉각적인 행동이다.

하나님이 사람이 된 까닭

다사다난 서기 2022년이 저문다. 채 사흘 남지 않았다. 하나님의 나라는 이미 오래전 이 땅에 와 있건만 세상은 여전히 미혹된 인간들의 전쟁과 살인과 폭력과 거짓에 몸살하고 있다. 옥에 갇혀 있던 세례 요한도 오죽 이나 답답하였으면 제자들을 예수에게 보내어 "오실 그이가 당신이오니까?"라고 물었을까.

하물며 딱히 이러지 저러지도 못하는 삶을 사는 나야 말해 무엇 하랴. 겨울 볕 따스한 창가에서 천지 만물을 내시고 운행하시는 하나님이 동시에 사람(예수 그리스도)이 된 이유가 무엇일까를 상고해 본다. 존 칼빈의 역저 《기독교 강요》 제12장에는 그 이유가 매우 명쾌하게 적혀 있다. 나름 요약해 옮기자면 이렇다.

하나님이 사람의 아들 예수 이름으로 이 땅에 오신 것은 보통 사용하는 표현을 쓰자면 그저 단순한 필연이나 혹은 절대적 필연성이 있었던 것은 아니다. 그것은 타락한 사람의 구원을 좌우하는 하늘의 작정에서 나온 것으로 우리를 위한 하나님 최선의 방법이었다.

또 그렇게밖에 할 수 없었던 것은 우리 죄악이 마치 구름처럼 우리와 하나님 사이 가득 끼어 있어 우리를 천국으로부터 완전히 격리해 놓았으므로(이사야 59:2), 하나님께 속한 자가 아니고서는 그 누구도 평화를 회복시킬 중재자 역할을 감당할 수 없었기 때문이다. 아담의 자손 가운데도 없고 천사 가운데도 없었다.

그렇다면 어떻게 해야 하는가? 하나님의 위엄 그 자체가 우리에게로 내려오시는 방법 외에는 없다. 그렇게 하지 않으셨다면 상황은 정말이지 희망이 없었을 것이다. 그러므로 하나님 아들이 우리를 위하여 우리와 함께 계시는 하나님이 되고(마태 1:23) 또 그의 신성(神性)과 우리의 인성(人性)이 서로 연합해 하나가 될 필요가 있었다.

아버지 하나님은 인간의 힘으로 치유할 수 없는 부정함과 타락, 부패함으로 인한 우리의 연약함을 알고 계셨으므로 가장 적절한 순간 가장 적절한 방법으로 우리를 구원하신 것이다. 하나님 아들을 우리와 같은 한 사람으로 우리 가운데 친근하게 세운 것이다.

곧 하나님 아들이 우리의 몸을 취하여 자기의 몸을, 우리 살을 취하여 자기의 살을, 우리의 뼈를 취하여 자기 뼈를 이루서서 우리와 하나가 되셨다(에베소서 5:29, 창세기 2:23—24). 그럼으로써 우리는 보이지 않은 하나님을 볼 수 있게 되었고, 만질 수 없는 하나님을 만지게 되었으며, 직접 바라보며 대화할 수 있게 된 것이다.

또 그는 기꺼이 우리의 연약함을 스스로 취하기를 마다하지 않으시고 그의 모든 것을 아낌없이 우리에게 베푸셨으니 하나님 아들이시면서 동시에 사람의 아들이 되신 것이다. 그리하여 우리는 하나님 아들의 형제요 그와 함께 하나님의 상속자가 된 것이다.

종교를 배워야 하는 이유

종교는 수많은 망치를 닳아 버리게 만드는 모루와 같다. 그만큼 필요 하면서도 무서운 대상이다. 우리는 경직된 종교적 태도가 무서운 유무 형의 폭력을 자아내는 시대를 살고 있다. 영국 에든버러 신학교와 뉴 욕 유니언 신학교에서 공부했고, 영국과 스코틀랜드와 미국에서 목사 (성공회 주교)로 활동한 리처드 할러웨이(Richard Holloway)가 저술 하고, 광주과학기술원 비교종교학 이용주 교수가 번역한 《세계 종교 의 역사》 1회 독을 마쳤다.

종교인이라면 자기 종교를 떠나 읽으면 좋을 근래 보기에 드문 세계종 교 입문서였다. 세계종교를 한 권의 입문서에 정리하는 일은 말이 많 고 의견이 다른 점도 많아 까탈스런 작업이다. 그래서 쉬이 덤비는 이 가 많지 않다. 그럼에도 각 종교의 태동과 역사가 큰 왜곡 없이 이해하 기 쉽게 정리되어 있다. 책이 주는 교훈을 나름 요약하고, 평소 생각을 얹어 옮기자면 이렇다.

여러 주요 종교가 말하는 '깨달음' 또는 '구원'이란 사람이 스스로 한계 를 깨고 자신의 낡고 익숙한 껍질을 벗어던지는 것을 말한다. 우리는 그런 벗어던짐이 있는 사람에게서 건강한 인격의 모델을 보아 왔고 볼 수 있다. 종교사에 등장하는 인물들의 그런 벗어던짐의 여행과 탈주는 깨달음과 구원을 상징한다.

예를 들어 고향 호수를 떠나 산으로 들어가는 자라투스트라, 고향을 떠나는 아브라함과 모세, 죽음을 무릅쓴 예수의 예루살렘 여행 그리고 사도 바울의 로마 여행, 안락한 궁전을 떠나는 붓다의 여행, 자기를 실현하기 위해 천하를 주유하는 공자, 고향에서 배척받고 내몰려 탈주하는 무함마드, 깨달음을 찾기 위해 방랑하는 나나크의 여행 등 이 모든 이야기는 깨달음과 구원을 향한 상징들이다.

그러나 오늘날 우리는 그 인물들의 여행을 모방하는 일에 급급하고 또 물려받은 것을 지키기에 몰두하고 결국, 그 말씀과 정신마저 왜곡하고 받은 것조차 지키지 못한 채로 우리의 깨우침과 구원의 가능성을 질식시켜 스스로 단단한 껍질 안에 틀어박히고 있는 것 아닌지 돌아보아야 한다.

정통의 이름으로 창조적 비전을 질식시키는 우를 범하고 종교가 깨달음과 구원의 방해물이 되는 역설적 상황에 빠져 버리는 것 아닌지. 우리가 종교를 배워야 하는 이유는 무엇인가? 무조건적 신앙으로 구원받기 위해서인가? 그것은 나의 한계에서 출발하여 그 한계에 사로잡히지 않는 시야를 확보하기 위해 우리는 종교를 배우고 종교를 실천해야 하는 것이 아닐까.

성경 요한복음 17장 4절에는 예수가 하나님 아버지를 드높이기를 "나는 아버지께서 나에게 하라고 주신 그 일을 이루어, 이 세상에서 아버지를 영화롭게 했습니다."라고 고백하고 있는데, 예수가 드러낸 아버지의 영광이 무엇일까? 이에 대해 다석(多夕) 류영모 선생은 해석하기를 아버지께서 예수에게 주신 아버지의 본성(얼의 나, 성령의 나)을 완성하여 성숙한 인격의 사람, 누구의 도움도 받을 필요가 없이 자족(自足)할 수 있는 사람이 되었다는 것으로 해석했다.

이 해석에 십분 공감한다. 하나님 아버지는 인간에게 충분한 추앙을 받지 못해 속상해하는 그런 분이 결코 아니다. 또 만물을 내시고 다스리는 그분이 자녀가 바치는 물질이 부족해 아쉬워하거나 성내는 과연 그런 분이겠는가. 성경 요한복음 17장 3절에는 "영생은 곧 유일하신 참 하나님과 그가 보내신 자 예수 그리스도를 아는 것"이라고 말한 예수의 말씀도, 종교는 맹목적으로 믿어야 하는 것 아니라 몸과 마음으로 배우고 실천이라는 점을 말해 준다. 종교적 '상징'들은 우리에게 사유와 실천을 촉구한다.

종교의 존재 이유는 낡은 틀을 깨는 깊이와 통찰의 힘을 주기 위해서고 또 종교의 지식은 정신적 여행의 에너지를 제공해 준다. '구원'이 서양 종교가 좋아하는 개념이라면 동양의 종교 개념은 '깨달음'이다. 그것은 다르지만 같은 정신적 차원에 속하는 경험이라고 할 수 있다.

그런데 구원과 깨달음에 이르기 위해서는 무엇보다 우리의 개방적 태도가 필요하다. 종교란 나보다 더 큰 무엇이 존재한다는 사실에 나를 열어 놓아야 한다. 왜냐면 그런 더 큰 세계, 더 큰 실재가 존재한다는 신념이 종교의 기초를 이루고 있기 때문이다.

전통적 종교들은 그런 절대적 실재를 인간의 언어로 정확하게 표현할 수 없어 신, 하느님, 하나님, 브라흐만, 도, 부처, 알라 등 다양한 이름으로 불렀다. 또 철학자들은 그 실재가 정말로 존재하는가를 둘러싸고 줄기찬 토론을 벌였고 그것이 철학과 신학이라는 학문의 뿌리가 되었다.

그러나 그런 절대적 실재를 증명하는 일과 별개로 인간이 신앙으로 그런 실재의 받아들임은 인간에게 중요한 실천적 가치를 갖도록 만드는데, 그것을 무엇이라 부르든 더 큰 위대한 궁극적인 실재를 인정함으로써 우리는 겸손해질 수 있다. 인간은 오만한 동물인지라 자신이 별것이 아니라는 겸허함을 놓치는 순간 문제가 일어난다. 이는 인류의 역사가 증명하고 있다.

종교를 이해하기 위해서는 지식에 그치지 않고, 다양성을 단순화시키지 않으면서 다양한 형태로 전개된 인간적 분투를 꿰뚫어 보는 안목이 필요하다. 자기 종교만의 아집·독단·편협함을 벗고 이런 안목을 후대에 가르쳐야 한다. 그래야 자기가 믿는 종교의 발전과 보편적 진리를 잃어버리지 않고 이어 갈 수 있다.

내가 익숙하기에 그것이 다른 것보다 반드시 더 좋다고 말하기는 어렵다. 나의 것을 사랑하기 때문에 다른 것의 좋음을 눈감고 부정하는 태도로는 어떤 종교든 그 깊이를 파악하기 어렵고 공통의 진리인 사랑을 실천할 수도 없다. 동양의 종교는 믿음이 아니라 실천과 실행을 중시했는데 서양의 종교 신앙, 즉 영어 표현 크레도(Credo) 단어 역시 맹목적 믿음이 아니라 실천을 함축하는 말이다.

지구상의 어느 종교를 막론하고 정상적 종교에서의 믿음이란 바른 삶의 탐색이고 실천이다. 그러니 종교를 맹목적 믿음의 문제로, '믿습니다!'로 축소했거나, 종교의 다양성을 너무 단순화해 하나님 아는 지식을 너무 쉽고 기도 응답의 만능열쇠화한 측면은 한국 기독교의 최대 실수라고 할 것이다.

종교란 맹목적 신앙이 되어서는 곤란하다. 신앙은 바른 삶을 탐색하는 인간적 분투의 한 국면이며, 바르게 사는 것이 가능하다는 신념이고 그 비전에 대한 신뢰다. 또 그것은 나도 그렇게 살 수 있다는 신념, 우리도 할 수 있다는 믿음이다.

그래서 인도의 한 위대한 구루는 우리를 향해 그대 자신이 불교인이 되지 말고 붓다가 되어라, 기독교인이 되지 말고 예수가 되라고 말했다. 그래야 진실로 붓다를 만나고 예수를 만날 수 있다는 것이다. 그런 신뢰가 있어야 우리는 삶을 더 나은 삶으로 만드는 구체적인 노력과 분투에 착수할 수 있는 것인데 여기에 누가 토 달 수 있겠는가.

사실 종교는 엄밀히 말해 우리가 할 수 없는 것을 가르치거나 교훈하지 않는다. 만약에 우리가 하지 못할 것을 요구하는 거라면 그 종교는 거짓이요 허상일 것이다. 인간이 마주하는 문제는 크게 세 가지 차원으로 이루어진다. 나 자신, 나와 타자, 나와 자연(세계)의 관계이다. 신이나 도(道)나 혹은 그것을 무엇이라 부르든, 그것은 인간의 한계를 자각하게 해주는 유익한 상징들이다. 진리에는 다툼이 없다.

사실 신을 실체화하는 모든 인간의 노력은 우상숭배라고 할 수 있다. 성경 십계명의 제2계명이나, 말로 할 수 없는 도(道)를 강조하는 노자 1장은 같은 맥락이다. 우리는 인간의 언어로 규정할 수 없는 다른 차원의 가능성을 인정해야 한다. 불완전한 언어에만 몰두해 종교를 접하려고 하면 우리 사유의 가능성이 닫히게 된다. 종교 역사야말로 인간 분투의 유장한 역사이다.

도연명(陶淵明)의 마음

도연명(陶淵明, 365~427) 시집과 그의 명문 〈귀거래사〉를 다시 읽고 있다. 도연명은 중국 남조의 동진 말기부터 송나라 초기의 대표적 육조시대(六朝時代) 시인이다. 그의 시문은 기교를 부리지 않고 평담(平澹)하여 당시 사람들에게 주목받지도 중시되지 않았지만, 당대(唐代) 이후로는 육조 최고의 시인으로 존중되었다.

도연명이 남긴 시는 대부분이 전원으로 돌아간 41세 이후에 지어진 것들이다. 생계를 위해 숙부와 친구들 권유로 얻은 10여 년 하급 관직(彭澤令)을 버리고 전원으로 돌아간 뒤 그간의 사정과 당시의 심경, 장래의 각오 등을 서술한 글이 "돌아가리라"로 시작되는 〈귀거래사(歸去來辭)〉다.

그가 돌아가고자 한 곳은 어디였을까? 그곳은 가족이 기다리는 고향이었고, 구속이 없는 전원이었고 거짓이 없는 자연이었겠지만, 그 본질은 인간 본성 즉 참됨으로 돌아가고자 했던 것 아닐까.

도연명은 이 책 〈귀거래사〉에서 밝힌 지향을 평생 삶 속에서 실천하였고 그 내용을 어렵지 않은 평범한 어휘를 활용해 평담한 시로 남겼다. 그가 죽고 100여 년이 지난 후에야 도연명의 시문을 모아 《도연명집

(陶淵明集)》을 편찬한 남조 양나라의 소명태자 소통(501~531)에 의해 그의 시문이 세상에 알려졌는데, 도연명의 시문에 감동한 소통은 서문에서 "도연명의 글을 제대로 볼 수 있는 자가 있다면, 명예와 이익을 좇으며 다투는 마음이 버려질 것이다."라고 했다.

오늘날 우리가 읽어도 그의 말 그대로다. 읽으면 읽을수록 짠했던 마음이 고요하고 깨끗해지면서 체중이 가라앉는 시원함이 있다. 도연명이 낙향해 41세에 지은 시 〈돌아온 새〉는 그립던 고향으로 귀거래 직후 심정들이 잘 드러나 있다.

이 시는 405년 11월에 귀거래 하였고 그해 겨울에 지었는데, 지난 시절에 멀리 나가 벼슬하던 일을 회고하면서, 전원으로 돌아온 심정을 새장에 갇혀 있다가 자연으로 돌아온 새에 비유해 자유스러움과 한가로움을 구체화해 내고 있다. 이렇게 되어 있다.

> 한가히 날며 돌아온 새, 새벽에 숲을 떠났었지. 멀리는 팔방의 끝까지 갔었고 가까이는 구름 낀 봉우리에 쉬었네. 부드러운 바람이 흡족하지 못해 날개를 뒤채어 돌아갈 마음 추구했다. 짝을 돌아보며 서로 지저귀고 그림자를 서늘한 그늘에 감췄다. 한가히 날며 돌아온 새 솟기도 하고 날기도 한다.

비록 나돌아 다니기를 생각지 않으리오 만 숲을 보고 마음이 기운다. 구름을 만나 오르내리고 서로 지저귀며 돌아왔다. 먼 길이 정말 아득하였지만 본디 좋아하는 것이니 버릴 수 없었지. 한가히 날며 돌아온 새 숲을 보며 배회한다. 어찌 하늘 끝 길을 생각하리요 기쁘게 옛 보금자리로 돌아왔다. 비록 옛 벗은 없지만, 뭇소리가 모두 조화롭다. 해 저물녘 공기가 맑으니 느긋한 그 감회로다.

한가히 날며 돌아온 새 차가운(겨울) 가지에 날개를 접었다. 노니는 것은 숲을 벗어나지 않고 잠자는 것은 숲의 나뭇가지 끝이다. 새벽바람이 맑게 일어나니 아름다운 소리를 때때로 주고받는다. 주살이 어찌 미치리오. 이미 날개 거두었으니 어찌 수고하겠는가.

또 도연명이 낙향해 410년 46세에 지은 시 〈서쪽 밭에서〉는 직접 농사 지어 먹고사는 일을 부끄러워하지 않고, 재산이 없는 것을 병통으로 여기지 않았다. 스스로 힘쓰고 남을 힘쓰게 함이 항상 농사짓는 데에 있었던 도연명이 몸은 가난했지만, 마음은 풍족했던 면모를 엿볼 수 있다. 오늘날 우리 모두 생계를 위한 애씀의 고귀함을 돌아보게도 한다. 이렇게 되어 있다.

　사람의 삶이란 결국 길이 있으니 입고 먹는 것이 진실

로 그 단초로다. 누가 이것을 전혀 신경 쓰지 않고 스스
로 편안하기를 바라겠는가. 봄이 시작되면 농사를 신경
써야 가을 수확을 그런대로 기대할 만하지. 새벽에 나가
약간 이나마 힘을 쓰고 해가 지면 호미 메고 돌아온다.
산속은 서리와 이슬이 많고 날씨도 먼저 추워진다. 농사
짓는 이가 어찌 힘들지 않겠는가만 이 어려움을 그만둘
수 없다.

온몸이 진실로 피곤하지만 다른 근심이나 침범하지 말
았으면. 세수하고 발 씻고 처마 아래 쉬면서 한 말의 술
로 회포를 풀고 얼굴을 편다. 아득한 장저와 걸닉의 마
음은 천 년이 지났어도 서로 통한다. 그저 내내 이와 같
기를 바랄 뿐 직접 농사짓는 것은 탄식할 바가 아니다.

도연명이 죽은 지 1,595년이 지났는데 마치 어제 일 같다. 남루한 도연
명이 내 곁을 다녀간 느낌이다. 그의 시집을 책장에 넣으려 하니 또 다
른 천년의 이별같이 아쉽다. 도연명이 죽기 두 달 전인 427년 9월에 자
기 죽음을 노래한 만가를 詩로 남겼는데 톨 톨 톨 술 한 잔 올리는 마
음으로 읽어 보면 다음과 같다.

태어남이 있으면 반드시 죽음이 있고, 일찍 죽는 것이 명
이 짧은 것도 아니다. 어제저녁에는 똑같이 사람이었는

데 오늘 아침에는 귀신 명부에 있구나. 넋과 기운은 흩어져 어디로 가고 말라 버린 몸만 빈 나무에 얹혀 있나. 사랑스런 아이들은 아버지 찾으며 울고 좋은 친구들은 나를 어루만지며 곡한다. 잘잘못을 다시는 알지 못하니 옳고 그름을 어찌 깨달을 수 있겠나. 천년만년 지난 후에는 누가 영화와 치욕을 알리오. 다만 한스러운 것은 세상에 있을 때 술 마신 것이 넉넉하지 못했던 것뿐이네.

아웅다웅 세상만사와 인간 세상 영욕에 놀라지 않고 또 가고 머무름에 마음 두지 않았던 도연명이 생각나는 시대요 겨울이다.

성령의 음성 구별법

만물의 근원이자 창조주 진리의 하나님을 신앙하며 사는 사람도 있고 그렇지 않은 사람도 있다. 우리가 하나님을 믿고 따른다는 건 곧 삼위일체 성령 하나님의 존재를 인정하고, 하나님이 우주의 질서뿐 아니라 인류 역사와 개인적 우리네 삶에 개입(Intervention)하심을 인정(Recognition)하는 것을 말한다. 나는 성령 하나님을 신앙하며 성령 하나님이 나의 삶에도 개입하심을 인정하며 사는 작은 그리스도인이다.

우리가 하나님의 뜻을 모르는 가운데 성령이 우리를 움직이게 하는 것이 있지만, 하나님이 우리에게 직접 말씀하시는 가장 흔한 방식은 당신의 '조용하고 작은 목소리'를 통해서다. 이것은 신비롭고 기이한 현상이다. 그 음성은 누구나 들을 수 있게 하늘에서 들리는 우렁찬 남성 목소리가 아니다. 그 음성은 듣는 이만이 들을 수 있는 조용하고 그야말로 작은 소리이지만 분명하게 들린다.

그 소리는 마치 자기 내면 깊숙이에서 들리는 것 같다. 그래서 소란스러움에 익숙한 대부분은 아마도 자기 생각과 쉬이 구별하지 못할 것이다. 하지만 그것은 우리 생각이 아니다. 창조주 하나님이 우리에게 건네시는 성령의 음성인 것이다. 성령의 음성 전달 형태를 나름 나의 경험을 덧대어 표현하자면 '조용하고 작지만 또렷하게 들리는 생각의 소리' 같은 것이다.

그러므로 그분의 음성과 우리의 생각을 잘 구별해 내려면 세심한 주의가 필요하다. 또 그 소리를 곱씹어 보아야 한다. 왜냐면 자칫 사람이 자기 생각을 하나님의 음성으로 간주하는 것은 경솔하고 매우 위험하기에 그렇다. 그런 생각은 순식간에 자기 자신을 정신이상자로 만들 수도 있기 때문이다.

경험 많은 정신과의사이자 신학자이며 작가로서 인간의 자살과 안락사에 대해 우리의 영적 사고를 깊게 해 준 M. 스캇 펙(Morgan Scott Peck: 1936~2005) 박사가 쓴 책《이젠 죽을 수 있게 해줘》에서는 하나님 성령의 음성과 사람의 자기 생각을 구별하는 방법이 실려 있다. 그의 신학의 영성과 정신 심리치료 경험을 바탕으로 다음과 같이 적혀 있다.

들려온 음성이 성령의 음성인지 아니면 자기 생각인지를 검사해 봐야 한다. 그러기 위해서는 구별해 내고자 하는 의지와 함께 가능한 시간을 내는 것이 중요하다. 처음엔 그 음성을 무시했어도 성령의 음성은 우리가 알아듣기까지 반복되기 때문이다. 또 성령의 음성은 언제나 건설적이지 파괴적이지 않다. 때로는 자기의 생각과 다른 것을 요구할지 모른다. 어쩌면 약간 위험한 요구를 할 수도 있지만 그렇다고 아주 위험하지는 않을 것이다.

그리고 성령의 음성은 보통 약간 이상하게 들릴 것이다. 그 음성은 같은 소리인데도 마치 다른 곳에서 오는 소리처럼 어딘가 이질적인 특성이 있다. 그리고 이 음성은 피할 수 없다. 성령은 우리가 이미 알고 있는 것을 말해 줄 리 없고, 우리가 밀고 나갈 필요 없는 일을 그렇게 하라고 다그치지 않는다.

성령의 음성은 새롭고 예상하지 못한 무언가와 함께 다가온다. 그렇게 다가와 우리의 마음을 열고 우리가 만들어 놓은 경계와 장벽을 서서히 허물어뜨린다. 따라서 성령의 목소리를 처음 듣는 사람은 대개가 고개를 갸웃하는 것이다.

안락사와 사람 영혼

안락사 논의는 고려해야 할 복잡하고 다양한 측면이 있다. 나는 그리스도인으로 또 한 사람의 지식인으로 줄곧 안락사 반대 입장이었다. 그러다가 유능한 정신과의사이면서 신학자요 안락사 문제 전문가(專門家)인 M. 스캇 펙(Morgan Scott Peck: 1936~2005) 박사의 저서를 우연한 기회에 만나게 되면서 생각을 달리하게 되었다.

신학자이기도 한 그의 글에는 조심스러운 어휘 사용이 여기저기서 눈에 띤다. 그의 안락사 담론은 그동안 내가 알지 못했던 우려보다 유익함이 컸다. 안락사가 죽음 앞에 직면한 인간의 지독한 고통으로부터 해방과 또 인간 존엄을 끝까지 잃지 않게 하는 등 좋은 점이 없지 않다. 하지만 안락사 과정에서 우리가 지금까지 간과해 왔거나 잊지 말아야 할 가치가 있음을 M. 스캇 펙 박사는 다음과 같이 역설(力說)하고 있다.

그것은 안락사의 결정과 집행 등 전(全) 과정에 자신의 생명을 창조하고 유지해 온 창조주 하나님의 참여가 반드시 있어야 한다는 것이다. 그렇지 않으면 죽음까지도 제 손으로 하고 말겠다는 인간 에고의 작동이 있다는 것인데 그의 주장에 주저 없이 동의가 된다. M. 스캇 펙 박사의 주장을 나름 요약하자면 다음과 같다.

안락사는 법학자와 윤리학자뿐 아니라 의사와 간호사, 신학자와 사회학자 등 다양한 분야 사람에게서 최선의 생각을 끌어낼 만한 가치가 있다. 또 일반 학문적 연구는 물론 엄격한 과학적 연구까지 해야 마땅하다. 그런데도 이 논의의 가장 본질적 문제는 여러 경험적 사례와 관찰에서 이미 확실히 드러난 것 같다. 그것은 바로 인간 '영혼'의 문제이다. 영혼은 안락사보다 더 큰 주제다.

안락사 논의가 우리의 공교육 제도에서 정식 과목으로 시행된다면 이 얼마나 멋지고 놀라운 일이겠는가. 우리는 모두 죽어 가고 있고, 죽음을 피하기보다 이런 현실 속에서 삶의 가치와 배울 것이 많기 때문이다. 그리고 거의 모든 안락사 논쟁의 복합성은 "어떻게 대응해 갈 것인가?" 문제가 아니라 육체와 분리된 하나님 창조의 신비인 사람의 영혼과 사람 영혼의 성장을 독려하는 사회를 우리가 원하는지 아닌지가 핵심이다.

이와 같은 M. 스캇 펙 박사의 안락사 담론은 영혼과 육체가 분리되어 있다는 영육이원론을 전제하고 있다. 영육이원론의 시작은 기독교 탄생 이전의 고대 헬라 종교들과 그 영향을 받은 플라톤주의 철학 그리고 인도의 힌두교·브라만교·불교의 윤회사상에도 들어 있다.

논어에서 공자도 잘 알 수 없는 신령이나 귀신을 '단정적으로 없다'라고 부정하지 않았다. 공자는 잘 모르는 것은 긍정도 부정도 하지 않았던 것인데 그래서 역사적으로 오랫동안 전해 내려온 관례를 따라 '귀신(鬼神)을 경이원지(敬而遠之)'하라고 했던 것이다.

영육이원론은 예수 이후 영지주의자와 금욕주의 중세 기독교 신앙에서도 나타난다. 독일의 종교개혁가 마틴 루터, 프랑스의 종교개혁가존 칼빈 그리고 근대철학자 데카르트 또한 영육이원론을 받아들였다.오래전부터 인류는 사람이 죽으면 육체와 달리 소멸하지 않는 영혼(인간 정신과 밀접) 문제에 지대한 관심을 가졌던 것이다.

나 또한 사람은 창조주 하나님의 형상을 타고 났기에 물질적 그 이상의 영적인 요소가 사람에게 깃들어 있다고 믿는다. 그런데 최근 성서학자들의 연구를 살펴보면 성경에는 환생과 영혼 모티브가 들어 있는영육이원론이 없지 않지만, 오히려 영육일원론이 성경의 주요한 생각으로 보고 있다. 드러내 놓고 말은 않지만 대다수 기독교 신학자 견해라고 한다.

그런 해석의 근거에는 구약성경에 '영혼'을 표현한 히브리어 '네페쉬'나신약성경에서 '영혼'을 표현한 헬라어 '프시케' 또는 '사르크스'는 영혼과 육체의 대척점에서 영혼을 가리키는 것이 아니라 인간이 동물적 삶과 대비되는 참된 삶, 진실한 삶을 가리키는 '전인적 목숨' 또는 '하나님의 은혜 아래 있는 인간의 상태'를 가리키는 용어라는 것이다. 그러니인간 안에 마치 불멸하는 무엇(영혼)이 있어서 육체가 죽은 후 부활이 있다고 생각해서는 안 된다는 해석이다.

연세대에서 기독교학을 강의하는 신학자요 목사이기도 한 김학철 교수는 신약성경 마태복음(6:25, 10:28, 20:28, 26:38)과 누가복음(9:24)에 헬라어 '프시케'를 대입해 보면 영혼에 대한 성경의 해석을 잘 알 수 있다고 주장하고 있다. 김학철 교수가 예시로 든 이 복음서 문맥에 '프시케'를 대입해 보면 이해에 도움이 된다. 그동안 영육이원론이 기독교리의 대세로 알고서 받아들인 사람들에게 주는 충격은 크겠으나 곰곰 생각해 볼 해석이다.

왜냐면 이제는 현대 과학이 과거와 달리 인간 영혼의 존재를 전제하지 않고서도 인간의 지성·도덕성·자유의지·자아의식(뇌 발현 메커니즘은 밝혀지지 않음) 등을 설명할 수 있게 되었고, 또 종교와 신앙과 하나님의 창조 행위가 인간의 과학적 입증 대상이 아니며, 성서가 문자적 해석에 국한(局限)되는 것도 아니기 때문이다. 엄밀히 말해 우리의 부활 신앙은 인간 영혼의 존재 유무에 제한받는 것도 아니다.

그런데 일생을 죽음을 앞둔 사람들 곁에서 헌신하고 떠난 가톨릭 성인 마더 테레사 수녀는 2007년 출간된 그의 전기에서 하느님과 예수와 사람 영혼의 관계성에 대해 다음과 같은 의미심장한 말을 이렇게 했다. "만약 신이 존재하지 않는다면 영혼도 있을 수 없다. 영혼이 있을 수 없다면 예수여, 당신도 진짜일 수 없다."

인간 영혼의 신비

하나님의 창조물인 영혼은 인간에게만 있는 것일까? 아니면 식물과 동물에도 있을까. 또 영혼이 있다면 육체와 분리되어 있을 텐데 둘의 상호작용은 어떻게 이뤄지는 것일까? 영혼 신비의 질문은 끝이 없다. 영혼은 잡을 수 없고 정확히 알 수도 없는 하나님 창조의 신비이기 때문이다.

실제 자신이 죽어 가고 있음을 알아차리는 사람은 죽음이 진행될 때 그의 정신(영혼)은 더 활기를 띠고 생동하는 모습을 우리는 주변에서 어렵지 않게 목격할 수 있다. 그러다가 순간적으로 정신은 사라지고 오직 시신, 정신이 떠난 물질적 육체만의 모습을 보게 된다.

오랜 정신과의사이자 신학자요 사상가인 M. 스캇 펙(Morgan Scott Peck: 1936~2005) 박사가 인간의 안락사 문제를 깊이 있게 다룬 그의 저서 《이젠 죽을 수 있게 해줘》에서는 자신을 온건한 기독교인이라고 생각하지만, 몸의 부활에 대한 교리는 믿지 않는다며 매우 용감한 주장을 다음과 같이 하고 있다.

오랜만에 만나는 용감한 '영혼의 신비' 담론이 아닐 수 없다. 특히 몸의 부활에 대한 교리를 믿지 않는다는 신학자의 주장은 정통 기독교인에게는 커다란 충격이기 때문이다. 100년을 살아 본 연세대 김형석 교수도 '정신'과 '육체'의 다름을 주장했기에 조심 곱씹어 본다. 또 나의 기독 신앙과 상고(相考)해 볼 때 M. 스캇 펙 박사의 전문적이고 경험적 그의 글에는 울림이 있다. 그의 주장은 이렇다.

우리가 흔히 말하는 몸의 부활은 육체와 영혼을 혼동하는 것으로밖에 보이지 않는다. 그 둘은 전혀 같은 것이 아니다. 우리의 육체는 물질이며, 물질적이다. 우리의 영혼은 정신으로서 완전히 다른 법칙을 따른다. 우리가 육체에 너무 익숙해 있기에, 육체가 없는 어떤 존재를 상상하기 어려울지 모른다. 그러나 확실한 것은 하나님은 우리의 상상을 초월한다는 것이다. 물질은 물질일 뿐 영혼이 아니다. 죽어 가는 사람보다 이 사실을 더 잘 아는 사람은 없다.

도교의 핵심 원리

기원전 600년 중국 춘추시대에 '노자'라 불리는 사람이 있었다. 노자는 공자(B.C. 551~479)보다 연장자였으며 고대 중국 황실 도서관에서 일했다고 전해진다. 노자가 춘추시대 말기 난세를 피하여 산속으로 은거하기 위해 함곡관에 이르렀을 때다. 마침 함곡관윤 벼슬을 하고 있던 윤희(尹喜)가 노자를 알아보고는 간곡히 요청해 노자가 구술한 삼천언(三千言)을 받아썼는데, 그것이 책으로 엮여 오늘날까지 전해지는 '노자', 곧 《도덕경道德經》이다.

이 책은 인류 종교와 철학의 역사에서 가장 짧으면서도 가장 중요한 책 가운데 하나로 평가받는다. 《도덕경》의 핵심은 한마디로 '균형(Balance)과 상보성(相補性, Complementarity)'이다. 노자는 자연 속에 있는 모든 것에 대립자가 존재한다고 생각했다. 그러나 그 대립은 단순한 반대가 아니라 서로 모자란 부분을 보충해 주는 관계 즉, 상보적인 관계에 있다고 본 것이다.

노자는 상보적 대립자를 음(陰)과 양(陽)이라고 불렀다. 또 노자는 상보성을 그림으로 표현했는데 설명하자면 먼저 큰 원을 그린 다음, 그것을 정확히 두 부분으로 나누는 곡선을 가운데에 물 흐르듯 그려서 흰 것과 검은 것으로 나누고, 대립하는 두 부분에는 각각 그것의 반대

요소를 의미하는 점 하나를 내부에 포함하는데, 흰색의 반쪽에는 검은 점을 검은색의 반쪽에는 흰 점을 내포하고 있다.

이런 이미지가 우리에게 던지는 의미는 자신을 이해하고 싶다면 자신과 대립하는 대립자를 이해하라, 대립자 안에서 자신을 발견하라는 것이다. 흰색은 검은색을 품고 검은색은 흰색을 품듯이 남성은 여성 안에서 여성은 남성 안에서 발견되고, 나의 종교는 여러분의 종교 안에서, 여러분의 종교는 나의 종교 안에서 발견할 수 있다는 것이다. 이는 공자의 "자신을 상대방 입장에서 생각하라."라는 말과 크게 다르지 않으나, 노자는 이를 더욱 즐겁게 돌려서 이야기하고 있는 것이다.

노자는 우리에게 다양성을 견뎌 내라고 말하지 않는다. 대신에 우리가 그 안에 들어가 다양성을 즐기기를 권하고 있다. 한마디로 노자는 세계를 수백 종류의 악기가 함께 협력하여 아름다운 음악을 만들어 내는 오케스트라로 보았다. 그러니 균형, 타이밍, 하모니 같은 용어는 노자의 도(道)를 표현하는 다른 말이다.

노자는 우리가 도를 잃어버리는 이유 중 하나는 다른 사람을 통제하려는 욕구 때문이라고 통찰했다. 오늘날 사람들의 거의 대부분의 경쟁도 이 때문으로 볼 수 있다. 사회 안녕을 위해 인간의 본성을 어느 정도 통제하는 것이 필요하다고 생각했던 공자와 달리 노자는 개인에게 사회가 허용할 수 있는 한도 내에서 더 많은 자유를 누려야 한다고 했던 것이다. 그런 면에서 노자는 강렬한 반전주의자이다. 이 세상이 노자의 가르침을 진지하게 받아들였다면 세상은 즐거움은 더 많고 전쟁은 더 적은 곳이 되었을 것이다.

《도덕경》에서 노자는 세상이 어지럽게 되는 것은 모두 상대적 유(有)를 가지고 절대적인 것인 줄 알고 다듬어 더욱 체계화(體系化)시키기 때문이라고 했다. 노자는 말하기를 모든 혼란이 여기서부터 발생하니 아예 처음부터 마음을 비움으로써 대상화시키는 것이 없도록 해야 한다는 것이다. 마음 비움이란 실은 아무것도 하는 것이 없으니 하찮은 것이다. 그렇지만 혼란을 사라지게 하고 사물이 자신의 본성에 따라 살아가도록 하니 이보다 위대한 것은 없다는 것이다.

노자의 이 말씀은 인간의 삼독(三毒) 탐진치(貪瞋痴)를 제도화한 현대 국가와 인류가 마음에 긴요히 새길 진리의 말씀이다. 노자가 깨달은 인생사에 대한 자기만의 독특한 접근 방식은 다시 말해 한마디로 무위(無爲)이다. 이는 아무것도 안 한다는 의미가 아니다. 아무것도 하지 않음으로써 행함을 뜻한다. 어찌 보면 창조주 하나님은 '함'이 없는 '함'이시다.

도교는 도에 대한 가르침뿐만 아니라 많은 신(神)을 존숭하는 종교다. 천존(天尊)이라 이름하는 도교의 최고신들은 세계가 만들어질 때 자연적으로 창조되었다고 보며, 인간은 욕망을 억제하는 명상 및 다양한 방식의 수련을 거쳐 자신의 불완전함을 제거한 후 불사의 존재인 신이 될 수 있다는 것이다.

도교의 수련은 윤회의 바퀴로부터 풀려나야 한다고 주장했던 불교의 프로그램과 대단히 비슷하다. 불교가 영혼의 최후 승리를 하나의 큰 전체인 '니르바나'의 대양 안으로 빗방울처럼 사라지는 것이라고 가르쳤던 반면, 도교는 수행을 통해 불멸(Immortality)을 획득해 신과 같은 신선이 되는 것이라고 가르친다. 여기에는 음양의 조화를 강조하느니만큼 여성 신(神)도 문제될 것이 없다. 도교에는 여성의 신도 많이 있다.

중국인들은 종교에 접근하는 방식에서도 그들의 오랜 전통적인 삶처럼 실용적이었다. 그들은 거리낌 없이 서로 다른 전통이 가진 가장 장점을 혼합했으며 하나의 신앙에 엄격히 매달리지 않았다. 그래서 역사를 보면 기원후 1~2세기에 실크로드를 통해 중국에 들어온 인도 불교가 중국의 도교를 만나자 영향을 주고받아 결과적으로, 두 종교는 서로 상대를 배우면서 변화했다.

오늘날 선불교(禪佛敎, 禪宗)는 바로 그런 상호 변화의 결과가 탄생한 새로운 형태의 불교다. 선불교는 불교의 깨달음을 고매하고 특정한 사람만이 접근할 수 있는 고매하고 무거운 것으로 보질 않는다. 깨달음 자체가 뭐 대단할 게 없고 우리 일상의 삶이 진리가 숨 쉬고 있는 자리임을 인식하는 한 방편일 뿐이라고 역설한다. 그러니 선불교에는 도교의 어려운 도(道)를 얻기 위해 마치 장난치듯 접근하게 된 것이다.

그런데 노자는 정작 도(道)가 무엇인지에 대한 구체적 설명은 하지 않고 있다. 다만, 노자는 도(道)를 절대적 무(無)로 해석하기도 했고, 때로는 리(理)라고 해석했으며, 원시적 혼돈 상태에 있는 미분화된 물질로 간주하기도 했다. 내가 보기에는 그의 깨달음이 언제부턴가 왜곡되어 종교화된 측면도 커 보인다.

신앙과 과학

인간의 과학(학문)이 날로 발전을 거듭하고 있는데, 가만히 들여다보고 곰곰 생각해 보면 어딘가 허전한 마음을 지울 수 없다. 누구는 과학을 이용해 신앙을 논박도 하고 인류 구원의 길을 과학에서 찾기도 한다. 나 또한 예수 그리스도 신앙을 지니고 있건만 아직 이 둘의 관계성에 대해 호기심 많고 의구심도 갖고 있다.

다만, 인간성이 결여가 된 과학과 기술 발전에는 반대한다. 또 성경, 과학, 경험 이 세 가지 모두가 조화를 이루는 새로운 증거가 나온다면, 뇌 과학자인 티머시 R. 제닝스 박사의 조언처럼 아마도 나 또한 신념을 바꾸게 될 것이다. 왜냐면 이 세 가지 속에는 진리가 흐르고 진리 말씀이 숨을 쉬고 있기 때문이다.

1937년 노벨의학상을 수상한 헝가리 과학자 센트죄르지(1893~1986)는 말하기를, 살아 있는 모든 유기체(有機體, An organic body)는 동일(同一)한 생명의 나무에 달린 나뭇잎에 불과하며, 동식물의 다양한 기능과 특화된 기관(器官) 또한 동일한 생체(生體, Living matter)의 발현(發顯, Be revealed)이라고 말하였다.

이는 비단 자연과학에서만 아니라 인문사회과학에서도 적용된다고 나는 보고 있다. 인류세(人類世)에 접어들어 인공지능 등 과학 문명이 정점을 내달리며 신앙과 학문의 관계 정리가 필요한 요즘, 책장에서 꺼내 다시 읽고 있는 다석(多夕) 류영모 선생은 책에서 학문(과학)과 신앙에 대해 다음과 같은 말을 했다.

> 요새 신비한 것, 이상한 것을 찾는 사람들이 많은데 그것은 학문의 적(敵)이다. 신앙은 학문(과학) 이상이지만 신앙의 결과로 학문을 낳아야 한다. 궁신(窮神) 하면서 지화(知化)가 되어야 한다. 하느님(하나님)은 멀리 밑동을 캐야(報本追遠) 하고, 높이면서 멀리해야 한다(敬而遠之). 하느님을 가까이 붙잡겠다면 안 된다. 하느님은 멀리서 찾아야 하며 그것이 학문이 되어야 한다. 하느님은 부분이 아닌 전체(全體)이며 여럿이 아닌 하나 절대(絶對)이기 때문이다.

> 학문을 낳지 못하는 신앙은 미신이다. 하느님 아버지의 신비를 찾는 일은 그것이 학문을 낳는 데 있다. 하느님 아버지를 깨달은 이는 연구에 연구를 계속해 학문이 그대로 기도가 되어야 한다. 기도는 보편적이고 심오한 추리가 되어 우리의 정신 생명이 최고의 활동을 해야 한다. 추리가 영감이 되어 진리를 깨닫고 법열(法悅)을 체험할 때 우리의 건강한 육체의 맥박이 하느님을 찬미하

는 반주가 되어 뛸 것이다.

또 그는 이렇게 말했다.

참 과학은 철학이다. 언제나 마음속 욕심을 버리고 하느
님 아버지의 신비를 찾는 궁신지화(窮神知化)하는 학문
이 과학이다. 하느님 아버지의 신비를 더듬는 궁신지화
의 결과가 지식의 학문이다. 참 과학은 생활의 편리화를
추구하는 것이 아니라 하느님 아버지를 찾아 궁신지화
하는 것이다.

과학을 바로 하면 하느님 아버지에 대한 신앙에 이른다.
지금 사람들이 연구하는 것이 앞으로 백 년 뒤만 되어도
더욱 밝아질 것이다. 우주의 비밀이 밝아지고 하느님이
더 밝아지고 하느님의 영광이 더 밝아질 것이다. 이런
뜻에서 모든 학문이 신학(神學)이라고 할 수 있다. 학문
에는 깊이 파고들수록 언제나 알지 못하는 신비의 세계
가 남아 있다. 어떻게 하면 하느님에 대하여 더 알 수 있
을까가 나의 문제요 인류의 문제이다.

그리고 그는 말하기를,

하느님을 믿는 것이 아니라 하느님에게 통해야 한다. 이
것이 바른 과학이요 신앙이다. 과학도 신통하고 수학도
신통하고 모든 학문이 신통하다. 세상에 학문치고 신비
하지 않는 것이 어디 있는가? 몰라서 그렇지 알고 보면
신비한 것뿐이다. 과학은 신비한 것이다. 알고 보면 신
비한 것뿐이다. 이 세상에 신비가 없다는 것은 어리석은
생각이다. 원인과 결과만 알면 신비는 없는 것 같지만,
원인도 끝이 없고 결과도 끝이 없다. 일체가 신비인 것
이다.

인간이 과학을 통해 지금까지 이룬 최고봉의 하나가 우주물리학의 빅
뱅이론이요, 시공간은 일정하게 흐르지 않는다는 양자물리학이다. 그
런데 빅뱅이 왜 발생했는지 또 빅뱅 이전의 무(無)에 대해 우리는 설명
하지 못하고 있다.

또 우리가 경험하며 사는 지구의 시공간은 우리 은하 태양계의 특수한
환경이 만들어 낸 사건들의 관계성이라고 설명되고 있지 않은가. 아직
양자 중력이론을 적용한 물리학이 입증된 것은 아니지만, 인간의 상상
력을 넘어서는 다양한 우주와 다중의 우주와 시공간이 분포하고 있을
가능성을 과학은 넌지시 암시하고 있다.

그리고 우주 전체에 퍼져 있되 아직 발견하지 못하고 추정하고 있는

암흑물질은 또 무엇이란 말인가. 이는 과학과 학문의 발전이 궁극적으로 진리를 찾아가고 발견해 내는 하나의 여정이며 인류에게 주어진 하나님의 큰 숙제가 아닐 수 없다. 그러므로 과학이 발전하면 할수록 또 새로운 것이 발견되어지면 질수록 인류가 하나님을 알아 가는 지식은 더욱 쌓이게 될 것이다.

多夕 류영모 '말'과 '하나'

가을은 깊고 북풍한설 겨울이 코앞인데, 요즘 세태(世態)며 나라 꼴 바라보는 마음 아리다. 또 사람의 말이 화근(禍根)이다. 끝까지 참을 놓지 않으리라 다짐하며 2009년 11월에 1회독을 마치고 책장에 넣어 뒀던 다석(多夕) 류영모 선생의 어록을 우수수 낙엽 지는 시각 다시 꺼내 읽고 있다.

그분의 호 다석(多夕)처럼 넓은 저녁 들녘에서 시원한 얼나의 바람이 불어오는 듯하다. 이번에는 호흡을 고르게 하고 두 번 생각하며 마디마디 곱씹어 읽어 보리라 다짐했다. 고백하자면 나는 이분을 어쩌다 몰래 책에서 만나 나의 예수 그리스도 신앙과 신학 그리고 나름 인생의 가치관과 사상 정립에 크게 도움을 받았다.

이분의 책을 만난 지 15년 되어 간다. 당시만 해도 드러내 놓고 대화할 분이 주변에 없었다. 좋은 벗도 스승도 곁에 없어 외로웠다. 혹시나 이상한 서적을 접하고 있는 것 아닌가 하는 교회와 정통 기독교인들의 오해도 받을 수 있었기에 조심조심 읽었던 것인데, 그 후 이분의 신학과 사상이 국내 대표적 신학대학교인 장로회신학대학교와 또 영국의 저명한 공립 에든버러대학교(University of Edinburgh)에서 강의된 사실을 알게 되었다. 그리고서야 나의 안목이 그다지 틀리지 않았구나

맘이 놓였다.

다석 류영모는 온 생애에 걸쳐 진리를 추구하여 구경(究竟)의 깨달음에 이른 우리나라의 큰 사상가이자 우리나라 토착 신학을 세계 반열에 오르게 한 세계적 신학자이다. 여기에는 초라한 내가 보아서도, 다석은 젊어서 기독교에 입신(入信)해 불교와 노장(老莊) 그리고 공맹(孔孟) 사상 등 동서고금의 경전과 철학 사상을 두루 탐구해 이를 하나로 꿰뚫는 진리를 깨달아 인도의 간디처럼 정신적인 최고 경지에 이른 분이라고 생각한다.

최근 나도 모르게 그의 가르침이 그리워 그분의 책을 다시 손에 들게 되었다. 또 한글을 다석처럼 뜻깊고 아름답게 재해석해 한글 가치를 드높인 분이 동서고금에 없다. 그가 1956년 종로 YMCA 연경반(研經班) 강의에서 '말'과 '하나'에 대하여 이렇게 말했다. 당시 이화여대 기독교학과 교수였던 故 김흥호 교수가 속기한 것인데 다음과 같다.

> 이상한 말을 찾으려 하지 말고 가장 평범하고 보편적인 말을 찾아야 한다. 그 말 속에 참이 들어 있기 때문이다. (사람의 말이 어렵다고 하는 것은 궤변을 늘어놓기 때문이다.) 하느님을 자꾸 말하면 실없는 소리가 된다. 사람의 실없는 말과 짓을 깨뜨려 주는 말씀이 있으면 그것이 참 종교가 된다. 천 가지, 만 가지의 말을 만들어 보

아도 결국 하나(절대)밖에 없다. 하나밖에 없다는 데는 아무것도 없다. 하나를 깨닫는 것이다. 깨달으면 하나이다. 하느님의(하나님의) 나가 '한 나' '하나'이다.

사람 영혼의 불멸성

신학자 존 칼빈(John Kalvin, 1509—1564)이 루터의 종교개혁 당시 박해를 받은 지식인들로부터 루터의 신학 사상을 설명해 줄 것을 요청받아 쓰기 시작한 《기독교 강요》 초판이 1536년에 나왔고, 그 후 일생 개정하여 내용을 풍부하게 하고 그가 가장 중요하게 여긴 저술, 1559년 발간한 《기독교 강요》 최종판을 나는 요즘 읽고 있다.

존 칼빈은 교회법을 제정해 장로교 제도의 기본 틀을 놓은 목사요, 교육자며 개혁주의 신학자다. 그러므로 그의 《기독교 강요》는 개혁주의 개신교의 신학대전이며 기독교 교리의 완전 해설서라고 할 수 있다. 그는 이 책을 통해 자신의 사상 앞에 제시된 모든 문제를 체계적으로 해설할 수 있었고, 자신의 사상을 좀 더 면밀하게 검토해 볼 수 있었다. 그 가운데 '사람 영혼의 불멸성'에 대한 그의 강론 요지는 이렇게 되어 있다.

> 첫째, 선과 악을 분간해 하나님의 심판에 응답(의식)하는 사람의 양심이 불멸하는 영혼에 대한 의심할 수 없는 증거다. 이는 곧 '영(靈)'의 실체가 있기에 저지른 악에 대해 사람은 하나님의 심판에 스스로 공포를 느끼는 것이다.

둘째, 인간의 정신에 부여된 그 많은 고귀한 재능이야말로 인간의 정신에 무언가 신적(神的)인 것이 새겨져 있다는 것을 선포하는 것이며 불멸하는 실체가 존재한다는 증언이다. (보라) 짐승들이 소유하고 있는 지각은 그 육체를 넘어서지 못한다.

그러나 천지자연의 비밀을 탐구하며 그 이해력과 기억으로 온 시대를 조감하며, 모든 사물을 각기 적절한 순서대로 정리하고, 과거에 근거하여 미래를 예측하는 데에서 나타나는 인간 정신의 그 영민함은 사람에게 무언가 육체와 분리된 것이 감추어져 있다는 것을 분명히 보여 주는 것이다.

셋째, 우리는 우리의 지성(知性)으로 눈에 보이지 않는 하나님과 천사를 생각하는데 이런 일은 육체적으로는 절대로 할 수 없는 것이다. 또 우리는 옳고 정의로우며 존귀한 것들을 파악하는데 이런 것들은 육체의 감각에는 감추어진 것들이다. 그러므로 이러한 좌소(坐所)가 바로 영혼인 것이다. 사실 수면(睡眠)도 영혼이 불멸(不滅)하다는 것을 보여 주는 두렷한 증거다.

그러면서 존 칼빈은 영혼이 없다면 하나님이 진리의 말씀을 기록한 성경에, "우리가 흙집에 거하며(욥기 4:19) 죽을 때에 육체의 장막을 떠나고 썩을 것을 벗어버리고서(고후 5:4, 벧후 1:13—14) 육체에 있을 때에 우리 각자가 행한 바대로 마지막 날에 상급을 받게 될 것(고후 5:10)을 가르치지는 않았을 것"이라고 강론을 맺고 있다.

그의 강론처럼 영혼이 형벌을 받는 일이 없다면 하나님 앞에 죄책이 있을 수가 없고, 사후 심판에 대해 두려움도 없을 것이다. 또 "몸은 죽여도 영혼은 능히 죽이지 못하는 자들을 두려워 말고, 오직 몸과 영혼을 능히 지옥에 멸하실 수 있는 이를 두려워하라(마태 10:28, 누가 12:5)."라는 예수의 말씀도 거짓이요 어리석은 것이 되고 말 것이다.

사람 영혼의 불멸성을 믿는가? 아니면 부인하는가? 이 세상을 잘 살다 간 사람들 가운데는 영혼 불멸성에 대한 세 사람의 다음과 같은 글이 있다. 2007년 출간된 가톨릭 성인의 한 사람인 테레사 수녀의 그의 고백이다.

"내 믿음이 어디 있는가? 저 깊은 곳에서도 공허와 흑암 이외에 아무것도 없다. 만약 신이 존재한다면 청컨대 나를 용서하시라. 내가 나의 생각을 하늘에 상달되게 하려면 너무나 확실한 공허감 때문에 그런 생각들 자체가 예리한 칼날처럼 되돌아와 나의 영혼에 상처를 준다. 이 알지 못할 고통이 얼마나 고통스러운지…. 나에게는 믿음이 없다. 거절당한 느낌, 공허감, 믿음도 사랑도 열정도 없다. 나는 도대체 무엇을 위해 애쓰고 있는가? 만약 신이 존재하지 않는다면 영혼도 있을 수 없다. 영혼이 있을 수 없다면, 예수여, 당신도 진짜일 수 없다."

헨리 데이빗 소로우가 1840년 6월 21일 그의 일기에 쓴 글이다. "육신이 자극을 받아야만 나를 일깨우는 것도 가능하다고 생각한다. 건강한 육신은 때 묻고 진부한 인생을 쫓아낸다. 육신은 영혼의 첫 개종자이다. 우리의 인생살이에서 영혼은 그것의 열매인 육신에 의해 드러난다. 인간이 지닌 의무는 단 한마디 말로 요약할 수 있다. 스스로 완전한 몸이 되는 것."

생전에 故 최인호 소설가의 고백의 글이다. "우리의 인생이란 수많은 이별 연습을 통해, 이별이 헤어짐도 사라짐도 아닌 또 다른 만남의 시작임을 배워 나가는 훈련장일지 모른다. 사람은 누구나 점잖게 숨지며 자신의 영혼에게 이제 그만 가만히 가자고 속삭이는 순간이 있기 마련이다."

나는 요즘 마음에 새기고 있는 두 단어가 있는데 '신독(愼獨)'과 '소창유기(小窓幽記)'이다. 진리의 하나님을 만나기 위해 홀로 있을 때 스스로 삼가고, 마음에 작은 창을 하나 내어 궁신지화 그분을 그윽하게 찾아가는 즐거움을 진리의 하나님이 제 영혼을 부르시는 순간까지 놓지 않으려 한다.

인간 뇌의 활동과 자아의식

며칠 전 '뇌과학과 신경 철학'의 전문가인 패트리샤 처칠랜드의 저서
《Touching of Nerve—The Self of Brain》을 2014년 박제윤 교수가 번
역한《신경 건드려보기—자아는 뇌라고》를 완독했다. 책을 덮고 나니
그리스도인으로서 또 진리 탐구자로서 생각해 볼 대목 많다. 특히 깨
달음·영성 등 종교인이요 진리 추구자라면 필수적인 탐구 대상인 영적
(靈的) 세계를 뇌과학과 신경 철학을 통해 들여다보고 생각하게 하는
유익한 책이었다.

뇌는 무엇을 무시하고 무엇에 집중할지를 어떻게 아는지는 현재까지
밝혀지지 않았지만, 그렇다고 당신이 무엇에 집중해야 할지를 밝혀내
기 위하여 당신의 뇌 안에 어떤 작은 놈이 존재하지 않는다고 말하는
것이 현대 과학에 이르러 적절한 인식이 되었다.

또 뇌에서 일시적으로 연결되는 뉴런들의 수많은 활동을 조절하는 어
떤 메커니즘(Mechanism)이 '나'라는 의식 경험을 낳을 것이라는 추측
은 아직 명확히 밝혀지지 않았다. 하지만 신경과학자들이 의식을 탐구
하게 해 줄 무언가를 불명확하지만 가지고 있다는 사실을 알게 된 것
은 책을 만난 큰 수확이었다.

그러면서 나에게서 이런 탄식이 저절로 터져 나왔다. 아, 뇌의 죽음은 필연적으로 마음의 죽음을 이끄는 것인가? 의식이 꺼진 후 우리의 안심할 영혼은 어떻게든 어디에라도 있는 것인가? 故 스티븐 호킹의 말처럼 뇌 활동이 멈추어 죽으면 우리 또한 망가진 고철 컴퓨터가 되고마는가? 예수를 보내어 영생을 약속한 창조주 하나님도 나의 의식과함께 사라지고야 말 것인가? 천국은 꿈에 불과한 것인가? 하는 불경스러운 의문과 견고치 못한 나의 믿음이.

하지만 영원히 살아 계셔서 만물의 근원이 되시며 우주와 인류의 역사를 홀로 주관하시는 그분을 나는 나의 뇌 활동을 넘어 존재적 실재에서 만나고 싶다. 그런 간절함을 담아 패트리샤 처칠랜드의 연구를 요약하면 다음과 같다.

(인간의) 뇌 해부학은 포유류 전반에 동일하게 적용된다. 인간의 의식을 지원한다고 가정되는 뇌의 기초 조직은 포유류 뇌의 진화 과정에서도 매우 잘 유지되어 왔으며 모든 포유류 사이에 놀라울 정도로 유사하다. 뇌간의 여러 구조와 시상의 조직이 유사하고 정서를 통제하는구조며 피질 조직 역시 유사하다.

간단히 말해서 모든 것을 의식하도록 지원하는 주요 요소들은 모든 포유류에 걸쳐 매우 유사하다. 피질의 크기가 종에 따라 다르지만 본질적으로 피질이 달라서 오직 인간만이 의식을 가진다는 것을 신경과학자들이 발견한 어떤 증거도 없다. 오히려 어떤 형태로든 의식이 모든 포유류와 조류의 뇌가 갖는 특징이라는 것이 설득력이 있어 보인다. 물론 뉴런의 수와 대뇌피질 구조의 크기에서 약간의 차이가 있더라도 그것이 어떤 기능적 차이를 만들기는 하겠지만. 또 그녀는 다음과 같이 말하고 있다.

포유류들은 근본적으로 수면을 취할 능력을 공유하고 있고, 또 수면을 통제하는 뇌간 메커니즘이 본질적으로 모든 포유류에 걸쳐 동일하다는 사실은, 깨어 있는 상태 동안에도 근본적으로 인간과 유사한 경험을 가진다는 것을 시사한다. 예를 들어 신체의 위치, 통증, 배고프거나 목마른 느낌, 피곤하거나 추운 느낌 등은 포유류라면 동일하게 경험한다는 것이다.

그럼에도 불구하고 일부 철학자들과 심리학자들은 오직 인간만이 참된 의식을 가진다고 상당히 확신해 왔다. 그 이유는 사람만이 언어능력을 가졌기 때문이라는 것이다. 그런데 언어 역시 일종의 행동임이 과학에서 밝혀졌다. 의식이 언어를 위해서 필요하다는 것뿐이지 그렇다고 언어를 위해 의식이 필수적이라는 것은 어디에서도 도출되지 않는다. 즉, 언어를 가지는 경우에만 의식을 가질 수 있다는 결론은 어디에서도 도출되지 않는 것이다.

지금까지 특정한 무엇을 의식하기 위해 어떤 것이 필요할지와 관련한 유력한 가설은, 외부 자극으로부터 들어온 신호들이 뇌의 앞쪽 영역으

로 전달될 필요가 있다는 것이고 또 의식을 위해서 뇌의 전체 발화가
이루어져야만 한다는 것이다.

그리고 전체 발화는 어떻게 이뤄지고 어떻게 자아의식을 갖게 하는지
는 앞으로 인류가 뇌 연구에서 밝혀야 할 핵심과제이다. 그런데 뇌의
전체 발화가 언제나 언어 영역을 활성화를 시킨다는 어떤 이유도 뇌
스캔 실험을 통해 밝혀진 바 없다. 이는 말하지 않고도 알 수 있으며
곧 언어가 의식을 위해 필수가 아니라는 증거이다.

나는 이 같은 패트리샤 처칠랜드 주장에 동의한다. 왜냐면 그녀의 주
장은 과학적 설명을 떠나서도 평소 우리의 의식과 일상에서 어렵지 않
게 체험할 수 있는 내용이기 때문이다. 우리가 뇌를 연구하는 가장 중
요한 이유는 '인간이란 과연 어떤 존재인가'에 대한 실마리를 얻기 위
해서다. '자아—뇌 동일성 가설'을 오랫동안 탐구해 온 패트리샤 처칠
랜드의 저서는 인간 뇌의 작용과 우리의 일상적 삶에 대한 신경과학적
설명을 어렵지 않게 해 준다.

나는 좋은 철학이나 좋은 신앙은 좋은 과학에 근거해야 한다고 생각한
다. 그래서는 안 된다는 이유는 그 어디에도 없다. 뇌의 심층 연구로부
터 우리가 어떻게 인간의 조건을 이해해야 할지를 넓혀 가야 한다. 나
는 패트리샤 처칠랜드의 뇌 연구의 흥미를 넘어 만약 그녀의 가설이
증명된다면 어찌 되나? 하는 두려움과 충격과 아쉬움이 묻어났다.

그대 사적인 꿈

스리 니사르가닷따 마하리지 대담집《I AM THAT》1회 독을 마쳤다. 다는 알아듣지 못하고 640페이지를 그냥 읽어 내려갔더니 책을 만난 것이 행운이고 또 '최고 수준의 영적 고전'이라는 평가에 동의가 된다. 옮긴이의 말처럼 이 책은 깊은 숙독과 성찰을 요구하기에 나 또한 많은 시간이 걸렸다. 예리하게 읽으면 한 문장, 한 단어마다 보석같이 반짝이는 지혜의 진수를 발견할 수 있다.

특히 집요한 질문과 솔직하고 일관된 답변 형식으로 구성된 책의 메시지는 분명하다. 특정한 자기 종교와 관련해서든 아니든 진리를 추구하는 사람이라면 깊게 생각할 부분이 많았다. 책을 한국어로 번역한 대성(大晟)은 책 말미 〈옮긴이의 말〉에서 니사르가닷따 마하리지의 '신의 정의'를 다음과 같이 잘 정리하고 있다. 나름 옮기자면 이렇다.

한 토막의 밧줄을 뱀으로 착각하면 엄연히 실재하는 밧줄은 보이지 않고 하나의 환(幻, 허깨비) 뱀만 보인다. 여기서 뱀의 존재성은 어디까지나 그것을 보는 자에게 의존하지만 밧줄은 그 사람과 무관하게 존재한다. 그와 마찬가지로 우리에게 보이는 이 세계도 전적으로 그것을 '그 사람'에게 의존하며, 그 사람이 없으면 그 세계도 없다.

마하리지는 개인이 지각하는 이러한 세계를 '그대의 사적인 꿈 세계'라고 표현하며, 자신은 그 안에서 존재하지 않는다고 말한다. 질문자가 보는 마하리지 육신은 질문자의 꿈 세계 안에 나타난 꿈의 형상일 뿐, 실재로서의 마하리지 자신에게는 어떠한 육신도 없다는 것이다. 이 같은 마하리지의 말은 양자론과 상대성이론의 권위자이자 미국의 저명한 물리학자 존 휠러(John Archibald Wheeler, 1911—2008)가 말하는 '관측자의 참가형 우주론'을 연상케 한다.

마하리지가 말하는 진인(眞人, 참나, 자각, 실제)은 일체를 포함하는 실제의 광대무변함 자체이며 어떠한 언어적 규정과 감각적 지각으로도 포착할 수 없다. 따라서 그는 신(神)조차 넘어서 있다. 신의 우주 창조와 해체를 마하리지가 '아이들이 재미로 하는 놀이'로 표현하는 것도 그 때문이다. 진인의 관점에서 볼 때 모든 세계는 우리 자신이 창조하는 마음의 형상일 뿐이며, 신이란 실재의 바탕 위에서 세계를 현출(顯出)하는 '의식의 총합'에 지나지 않는다.

그래서 마하리지는 선언한다. "자기 마음의 필름을 통해서 그대는 하나의 세계를 투사하고, 거기에 원인과 목적을 부여하기 위해 하나의 신(神)도 투사합니다. 그것은 모두 상상입니다. 그럼에도 이 상상은 우리에게 심각한 현실이며, 우리는 모든 상상과 개념을 넘어선 절대의 세계로 깨어나기 위해 몸부림치고 있습니다. 구도자들의 의식적인 수행은 물론 살아 있는 모든 존재의 삶 자체가 그런 몸부림의 과정인 것입니다."

하나님과 요나의 충돌

영성 작가인 데이비드 폴리슨(David Powlson, 심리학자, 신학자)은 하나님이 각 사람의 심령을 향해 던지시는 가장 기본적인 질문은 다음과 같다고 했다. 그것은 "예수 그리스도 외에 네 마음의 신뢰, 몰두, 충절, 섬김, 두려움, 기쁨에 대해 사실상 소유권을 보유하고 있는 사람이나 뭔가가 있느냐? 삶을 지속시켜 줄 안정과 안전과 수용을 얻고자 네가 의지하는 대상은 누구 또는 무엇이냐?"

또 "인생에서 네가 정말 바라고 기대하는 바는 무엇이냐? 무엇이 있으면 정말 행복하겠느냐? 무엇이 있으면 남들에게 받아들여지겠느냐? 너는 어디서 권력과 성공을 찾고 있느냐? 이런 질문을 통해 자신이 하나님을 섬기는지 우상을 섬기는지, 구원을 그리스도께 바라는지 거짓 구주에게 바라는지 결국 알아낼 수 있다."라고.

그의 말대로 우상이 우리의 마음을 장악하면 결국은 성공과 실패와 행복과 슬픔의 정의가 몽땅 변질이 된다. 우상의 기준대로 현실이 재정의된다. 성경 요나서를 보면 물고기 배에서 토해진 선지자 요나에게 다시 기회가 주어졌다. 그는 일어나서 말씀대로 큰 성읍 앗수르 니느웨로 가서 외쳐 이르되, "사십 일이 지나면 니느웨가 무너지리라 하였더니, 니느웨 사람들이 하나님을 믿고 금식을 선포하고 높고 낮은 자를 막론하고 굵은 베옷을 입은지라… 하나님이 뜻을 돌이키사 그들에게 내리리라고 말씀하신 재앙을 내리지 아니하시니라."

이에 요나가 매우 싫어하고 성내며 여호와께 이렇게 기도하는 대목이 나온다. "하나님이여 왜 뜻을 돌이켜 니느웨를 멸하지 아니하십니까. 저는 니느웨가 멸하기를 간절히 염원해 왔습니다. 제가 다시스로 도망한 것도 하나님께서는 인자하사 돌이켜 니느웨를 멸하지 않을 것 같아 다시스로 도망했던 것입니다. 그런데 돌아와 말씀대로 순종하였건만 니느웨를 멸하지 않으시니 도저히 받아들이기 어렵습니다. 여호와여 원하건대 이제 내 생명을 거두어 가소서. 사는 것보다 죽는 것이 났습니다."

이런 요나의 태도에 대해 하나님께서는 이렇게 말씀하신다. "네가 성내는 것이 옳으냐." 그래도 요나는 분이 풀리지 않아 성읍에서 나가서, 니느웨 성읍에 무슨 일이 일어나는가를 보려고, 그 성읍 동쪽에 초막을 짓고 앉았다. 이에 여호와께서 요나의 괴로움을 면하게 하시려고 박 넝쿨을 자라게 하여 초막을 그늘지게 하셨다. 그리고는 이튿날 새벽에 벌레로 하여금 그 박 넝쿨을 갉아 먹게 하사 시들게 하시고 또 해가 뜰 때에 하나님이 뜨거운 동풍을 불게 하사 요나를 뜨겁게 하였다.

그러자 요나는 더더욱 분이 풀리지 않은 상태에서 죽는 것이 사는 것보다 낫다며 스스로 죽기를 하나님께 구했다. 그때 하나님께서 이렇게 말씀하셨다. "네가 이 박 넝쿨로 성내는 것이 어찌 옳으냐." 그럼에도 요나는 대답하되 "성내어 죽기까지 할지라도 옳으니이다." 대꾸했다. 하나님과 요나의 충돌은 바로 우리의 뜻과 하나님 뜻의 충돌이다. 우리의 내가 바로 요나다. 하나님의 고집도 인간의 고집도 참 어지간히 질기다는 사실을 숙고해 본다.

마지막 환(幻)

인도의 구루, 스리 니사르가닷따 마하리지는 그의 대담집《I AM THA》에서 다음과 같은 예화를 들려준다. 고대 인도 비데하(Videha)국의 자나까(Janaka) 왕이 한번은 자신이 거지인 꿈을 꾸었다. 깨어나서 그는 스승인 아쉬따바끄라(Ashtavakra)에게 이렇게 물었다. "저는 거지가 된 꿈을 꾼 왕입니까, 아니면 왕이 된 꿈을 꾸고 있는 거지입니까?"

이에 스승이 대답했다. "그 어느 쪽도 아니고 둘 다이기도 하지. 그대는 자신이 자기라고 생각하는 존재이면서도 그런 존재가 아니기도 하거든. 그 존재인 것은 그대가 그에 따라 행동하기 때문이고, 그런 존재가 아닌 것은 그것이 지속되지 않기 때문이네. 그대는 영원히 왕이거나 거지일 수 있는가?" 그러자 자나까 왕이 말했다. "그렇군요. 저는 왕도 아니고 거지도 아닙니다. 저는 초연한 주시자입니다." 그러자 스승이 말했다. "자신은 진인이라는 것, 자신은 보통 사람들과 다르고 그들보다 우월하다고 하는 이것이 그대의 마지막 환(幻)이라네."

이 같은 유사한 예화가 '장자(莊子)'의 내용 중에 호접몽(胡蝶夢) 이야기도 있다. 장자가 어느 날 나비가 되는 꿈을 꾸었는데 막상 꿈을 깨어보니 장자가 나비 꿈을 꾼 것인지 나비가 장자 꿈을 꾼 것인지 모르겠더라는 이야기다. 스리 니사르가닷따 마하리지 깨달음과 가르침을 나름 요약하자면 이렇다.

사람은 몸과 마음이라는 육체를 지니고 있는데, 그 몸과 마음이 자신의 모든 것이 아니라는 것이다. 몸과 마음의 뒤에서 '의식'이라는 것이 몸과 마음의 움직임을 알아채는 역할을 하고, 또 이런 '의식'을 넌지시 바라다보는 실재가 있는데 그것이 '자각(Self—awareness)'이라는 것이다. 이 자각이 절대자와 연결된 주시자다. 한마디로 스리 니사르가닷따는 이 '자각'을 중요시하며 궁극적 실재로 설하는 것이다.

그는 '절대자 혹은 생명은 실재합니까?'라는 질문의 답변에서 이렇게 말한다. "둘 다지요. 마음에게는 하나의 이론이고 그 자체로는 하나의 실재입니다. 모든 지식은 무지의 한 형태라는 것을 보는 것 자체가 실재의 한 운동입니다. 주시자는 하나의 사람이 아닙니다. 사람 안에서 절대자가 자각으로서 반사됩니다. 순수한 자각이 자기 자각(Self awareness)으로 됩니다. 모두 아주 간단한 것인데, 사람이 있어 복잡해집니다."

또 "영구적으로 별개인 사람 같은 것은 없다는 것을 아십시오. 그러면 일체가 분명해집니다. 만약 누군가 그대에게 무엇을 해야 할지? 어떤 수행을 택해야 할지? 어떤 삶의 길을 따라야 할지? 물어오면 이렇게 답변해 주십시오. 아무것도 하지 마십시오. 그냥 존재하십시오. 존재 안에서 모든 일이 자연적으로 일어납니다."

스리 니사르가닷따 마하리지의 가르침을 한마디로 표현하자면 '내가 있다'이다. 이런 표현은 특정 종교인들에게는 오해를 불러일으킬 소지가 크지만 몸과 마음을 자기로 알고 살아가는 일반적 의식을 넘어선 매우 깊은 영성의 한 표현이다. '내가 있다'라는 말은 탄생과 죽음을 넘어서 있는 절대자(주시자)가 있고 생명이 있는데 내가 곧 그 주시자요 생명의 근원이라는 자각을 표현한 것이다. 이 말 속에는 창조주와 인간의 관계성이 불가분적으로 표현되고 있는 것이다.

대담집에서 그는 또 이렇게 말한다. "'나는 나 자신이다'가 가고 나면 '나는 모든 것이다'가 옵니다. '나는 모든 것이다'가 가고 나면 '내가 있다'가 옵니다. '내가 있다'가 가고 나면 실재만이 존재하는데, 그 안에서 각자의 '내가 있다'가 보존되며 영예로워집니다. 별개성 없는 다양성이 마음이 접촉할 수 있는 궁극의 상태(The Ultimate)입니다. 그 너머에선 모든 활동이 그칩니다. 왜냐면 거기서는 모든 목표가 도달되고 모든 목적이 성취되기 때문입니다."

그리고 그는 이렇게 말한다. "지고의 상태는 도처(渡處)에 존재하며 지금 여기 있습니다. 누구나 이미 거기에 동행하고 있지요. 그것은 존재의 상태입니다. 눈에 들어간 티끌 하나가 염증을 일으켜 (시야에서) 세계를 쓸어버리듯이 '나는 몸—마음이다'라는 그릇된 관념이 자기 걱정을 야기하며, 이 걱정이 우주를 가립니다. 이기심은 자신에 대한 그릇된 관념에 뿌리를 두고 있습니다."

수많은 시공간의 존재

얼마 전 현존 우주론의 大家 카를로 로밸리(Carlo Rovelli)의 최신 저서 《THE ORDER TIME》 1회 독을 마쳤다. 서울시립대 이중원 교수가 번역하여 '시간은 흐르지 않는다.' 제하로 얼마 전 국내에서 발간된 책이다. 또 故 스티븐 호킹 박사의 저서 《The Grand Design, 위대한 설계》 말미를 읽고 있다.

양자역학에 대한 이해가 짧아 다는 소화를 못 했지만 "우주는 인간의 시간 속에 살지 않는다."라는 로밸리 글은 묘한 여운을 남긴다. 아직은 증명된 이론이 아니라지만 '우리 은하—태양계—태양으로부터 세 번째 행성, 창백하고 푸른 지구별'에 사는 우리 인류에게 생각하게 하는 바 크다. 나름 정리하자면 이렇다.

'양자 중력이론'으로 세상을 본다는 것은 한마디로 우주의 물질 분포에 따라 시간이 다르게 흐르고, 공간도 다르게 휘게 되어, 우주에는 유일한 시공간 대신 수많은 시공간이 존재한다고 보는 것이다. 그러므로 우주는 하나의 역사를 가진 것 아니라 모든 가능한 역사를 동시에 가지고 있다는 것이다.

우리에게 시간이 어떤 순서나 질서가 있는 것처럼 보이는 것은 우리가 사는 세계에서 바라본 우주의 특수한 양상일 뿐, 보편적 본질은 아니라는 것이다. 놀라운 이론이 아닐 수 없다. 관련 학문의 사태로 보아 천동설을 뒤집고 지동설을 주장했던 코페르니쿠스처럼 경천동지(驚天動地)할 일이 곧 이 지구에서 발생할지도 모르겠다.

일반상대성이론과 양자역학을 통합하려고 시도하는 양자 중력이론에 의하면, 인간 지각 능력 한계를 넘어서는 우주 본래의 원초적 시간에는 순서나 질서 그리고 이를 바탕으로 한 흐름이 없다. 시간은 단지 물질들이 만들어 내는 사건 간의 관계이다. 좀 더 엄밀히 말하면 이 관계들의 동적인 구조에서 나타나는 하나의 양상이라는 것이다.

그러므로 이 우주에는 유일한 단 하나의 시간만이 존재하고, 그 시간은 과거로부터 미래를 향해 한 방향으로 나아가고 있으며, 다른 어떤 영향을 받지 않고 규칙적이고 일정하게 흐른다는 우리의 시간관념은 인간의 지각 오류의 산물이자, 우리가 사는 지구환경의 특수성 곧 근사성(近思性)이 만들어 낸 결과라는 것이다.

어제 외신 보도를 보면 지구에서 약 100광년 떨어진 자리에, 행성 질량의 최대 30%가 물로 덮여 있는 지구보다 약간 큰 행성이 발견되었다. 이 행성은 물이 존재할 만큼 너무 뜨겁지도 춥지도 않은 그러니까 생명체가 존재할 수 있는 환경으로 여겨지는 '골디락스 영역' 궤도를 돌고 있는데 상상도를 보니 출렁이는 바닷물 위로 태양 같은 밝은 행성이 떠 있다. 이 행성은 대기를 관측할 수 있는 만큼 지구와 가까이 있고, 연중 내내 관측할 수 있어서 앞으로 인류가 본격적으로 들여다봐야 할 완벽한 후보라고 한다.

인류는 아직 우주의 크기를 모른다. 또 인류는 빅뱅이론을 도출했지만, 우주가 팽창하고 있다는 것을 알 뿐, 그 시작과 끝을 모른다. 빅뱅 이전의 시공간에 대해서는 불필요한 논의의 대상으로 치부하고 있다. 다만 한 개의 은하에는 약 1천억 개 별이 들어 있는데, 이런 은하가 우주에는 약 1천억 개가 더 있다는 정도를 파악했을 따름이다.

그리고 우주 전체에서 적어도 5만 개의 행성에 생명체가 존재할 것으로 짐작하고 있다. 그것은 최소한의 숫자이지 더 많은 수도 가능하지만 5만 개 정도가 확실한 숫자라고 한다. 지구와 유사한 5만 개 행성이 생명체를 갖고 있다는 것이다. 만약 시간과 공간이 없다면 인간도 없고 우주도 없고 창조주 하나님도 없을 것이다.

영국의 철학자 버트런트 러셀은 그의 행복론에서 "행복한 사람은 자기 자신을 이 우주의 한 시민이라고 생각하여 우주의 아름다움과 기쁨을 마음껏 즐기며, 자기는 후대의 생명과 동떨어져 있지 않다고 느낀다." 라고 말했다. 작은 배에 사람이 가득 타면 한 사람만 몸부림을 쳐도 배가 뒤집힐 수 있듯이, 우주공간을 떠도는 지구라는 소형 배도 인간들이 몸부림치지 말고 평화롭게 살아야 한다.

故 스티븐 호킹 박사는 우주탐사는 미래의 인류 생존을 위한 생명보험과도 같다며, 인류는 향후 1천 년 내 생존을 위해 지구를 떠나야 한다고 말했다. 점점 망가져 가는 지구를 떠나지 않고는 인류의 새천년은 없다는 경고다. 창조주 하나님께서 거니셨던 에덴동산이 있었고, 석가 붓다와 노자와 장자와 공자와 그리고 예수가 살다가 간 이 지구별은 어찌 될까. 인류의 멸망이 시작이 된 것일까. 이기와 어리석음으로 쉴 날 없이 무리 지어 싸우는 우리들의 눈을 공활한 이 가을 먼 우주를 바라봄도 어떨지.

요가 수행자와 나

요가 생활자이기도 했던 스티브 잡스(1955~2011)가 생애 마지막까지 그의 아이패드에 저장돼 있던 단 한 권의 책이었고, 또 생전에 자신의 추모일에 오는 사람들에게 나눠 주라고 부탁했다는 파라마한사 요가난다,《영혼의 자서전》1회 독을 2022년 여름 매미 소리와 함께 마쳤다.

'파라 마한사' 호칭처럼 요가난다(1893~1952)는 성경의 사도 바울 같은 인물이다. 동양(인도)의 요가 수행법을 미국과 유럽 등지에 효과적으로 설파하였을뿐더러, 인도의 전설적 요기(Yogi) 바바지—라히리 마하사야—스리 유크테스와르와 그 외 20세기 생존 요가 수행자들을 책에서 상세히 소개하며 은근히 힌두(브라만) 신앙을 역설하고 있기 때문이다.

책은 786페이지 분량에 이른다. 파라마한사 요가난다 한 사람 자서전이라기보다 세상에 잘 드러내지 않았던 역사적 요기들과 당시 가톨릭 신비주의 수행자들을 만나 그들의 깨침과 기적을 요가 수행의 결과물로 주장하며 상세히 기록하였을 뿐 아니라, 생전의 라빈드라나트 타고르, 마하트마 간디, 인도가 낳은 위대한 식물학자 찬드라 보세와 만남을 기록한 역사서이기도 했다.

책에 등장한 요기들은 불교의 고타마 붓다와 기독교 예수 그리스도가 실은 최고의 반열에 오른 요가 수행자(Yogi)였다고 말하고 있다. 그러면서 경전에 수록된 예수와 붓다의 말씀과 기적 등을 주석으로 달아서 마치 요가의 수행법을 종교적 초월성과 인류 구원의 방법론으로 제시하고 있었다.

흠이라면 번역의 오류일진 몰라도 요가난다 질문 속에 깨침의 충돌, 반복, 때로는 진리의 후퇴가 엿보인다. 요기들마다 나타내는 기적이 다르고 특징이 있었는데, 정작 인류를 위한 보편적 도구로서의 적용 요구에는 신과의 약속이라며 에둘러치는 모습에서 믿어야 할지? 상징으로 이해해야 할지? 망설여진다.

예를 들면 '검의 칼날에 완전히 잘린 두 팔이 고통이 없이 붙었다거나, 공중 부양을 했다거나, 수십 년을 음식 섭취를 않고서 살았다거나, 무엇보다 순간 이동을 통해 환시가 아니라 하나의 몸이 둘로 나뉘어 다른 장소에서 만져질 수 있는 육체의 모습 그대로 나타나 메시지를 전했다거나, 제자에게 일어날 미래의 일을 정확히 예언했다거나'이다.

또한 스스로 의지와 의식으로 죽음과 부활을 했다거나, 무덤이 있음에도 생전 만져질 수 있는 몸 그대로 나타나 만났다거나, 무엇보다 요가의 아버지라 할 수 있는 바바지님은 현재도 히말라야 동굴에서 죽지 않고 청년의 모습으로 수천 년을 살고 있다는 것 등이다.

그리고 요가난다가 질문하고 그의 스승 시리 유테크스와르가 답변하는 형식으로 사후 세계를 설명하는 대목은 이 책의 절정에 이르는데 영계의 존재와 체류의 모습, 이 세상으로의 윤회, 그곳에서의 역할과 주어진 일 등은 요가 수행이 신을 만나는 가장 효과적인 방법이며 누구에게나 개방된 종교임을 역설하고 있다.

요가난다는 책에서 이렇게 말하고 있다. "신의 섭리를 깨우친 스승은, 이 세상이란 창조주의 객관화된 꿈에 불과하다는 것을 알고 계셨다. 창조주의 꿈과 합일된 자신을 완전히 이해하고 있었기 때문에, 라히리 마하사야님은 현상세계의 꿈속에서 원하는 대로 물질을 실체화하거나 非물질화하거나 또는 다르게 변화시킬 수 있었다."

그의 스승 유크테스와르는 또 이렇게 말한다. "만물은 법칙의 지배를 받는다. 과학자들이 발견할 수 있는 우주의 표면적 운행 원리를 우리는 자연법칙이라고 부른다. 그러나 감춰진 영적 세계와 내면의 의식 세계를 지배하는 더욱 미묘한 법칙이 있는데, 이런 원리는 요가 수행을 통해 낱낱이 인식할 수 있다. 그 본질을 깨닫게 해 줄 수 있는 사람은 과학자가 아니라 스스로 깨달은 스승들인 것이다."

책에서 요기들은 예로부터 신(창조주)의 존재를 굳게 믿고 있었다. 그들의 모든 감사와 희생과 희망과 꿈은 신에게서 흘러나왔고 오직 신과의 합일에 이르는 수행만이 최고의 기쁨이요 열반임을 확신하고 있다.

신과의 합일에 이르는 자의 능력은 신처럼 얼마든지 기적을 행할 수 있다고 확신하고 있는 것이다.

또 그들의 요가 수행은 브라만교에서 힌두교로 이어지는 전통적 요가 수행법을 보존 이어지도록 하는 인류를 향한 헌신으로 여기고 있다. 무엇보다 다른 종교들의 가르침과 기적 또한 요가 수행의 원인과 결과로 바라보면서 신을 알고 체험하는 최고 수행법이 요가임을 역설하고 있다.

나는 예전에도 그리스도인으로서 요가 수행자들의 서적을 접한 적이 있다. 그래서 더더욱 조심 읽었다. 분명 요가 수행법이 인류에게 가져다준 지혜는 크다고 말할 수 있다. 예나 오늘이나 심신 수련과 신을 이해하는 과학적 방법으로도 효과적인 측면이 있다. 그러나 요기들의 깨침과 이적이 실제 하는지는 곰곰 생각해 볼 일이고 나아가 이것을 종교로 접근하려는 시도는 매우 경계할 일이다.

붓다의 원죄와 윤회

성인(聖人)이라는 그 말 한마디에 오랜 세월 감추고 일그러지고 변색
될 수밖에 없었던 고타마 붓다의 가르침과 생애를 적나라하게 기록한
백금남 선생의 735페이지 역저《붓다 평전》1회 독을 끙끙대며 마쳤
다. 불교에 문외한인 내가 보아서도 여태 만나기 어려웠고 보기 드문
명작이다. 알 듯 말 듯 하다. 붓다 일생과 깨달음을 일목요연(一目瞭
然)하게 정리한 작가의 후기를 읊조리면 이해가 쉽다. 나름 요약하자
면 이렇다.

연기(緣起)의 무아설(無我說)은 생명체가 가지는 마음의 본디 고향이
다. 생명체는 지수화풍(地水火風)의 집합체다. 죽으면 지수화풍으로
돌아가고 지수화풍으로 돌아온다. 소멸과 생성의 반복, 자아의 발자국
은 이로 인해 생겨난다. 이것이 연기이며 존재의 원죄이다. 연기의 법
칙에 의한 만남, 미워하고 증오하고 사랑하고…. 그렇게 원죄의 동굴
속에서 원죄의식의 존재가 생겨난다. 붓다가 마지막으로 본 세계가 이
세계다.

이 세계는 그렇게 존재하는 세계다. 남녀의 만남, 그로 인해 저질러지
는 그 모든 것, 그것이 원죄이며 윤회다. 범부(凡夫)는 그 생명체가 원
죄의 덩어리임을 사랑이란 이름으로 부른다. 그러므로 기(氣)를 아래

로 쏟는다(破精). 그리하여 원죄의 생명체를 만든다. 원죄의식의 당체(當體)인 윤회, 그러므로 생명을 주는 그 가문의 핏줄 속에 모든 정보가 있다.

무아를 향한 자아의 얼굴 그 업장, 그것이 본성이며 그 본성 속에 마음의 영(靈)인 세파(Shepa)가 존재한다. 세파의 유전과 소멸, 붓다는 연기법으로 대답하고 있다. 그 연기의 이 법 속에 우리의 본래면목(本來面目)이 들어 있다.

본래면목을 찾아가는 여정, 그것이 수행이다. 수행자는 아래로 쏟아지려는 본능적인 욕구를 다스려 윤회(輪廻)에서 벗어난다. 이것이 개오(開悟)다. 또 어떤 이들은 그 기를 위로 올려 본래면목을 본다. 그것이 윤회의 멈춤이고 불성의 세계다.

2부 마음의 탄생

어떤 특정한 대상에 의식을 집중하는 행위는 집착을 만들어 낸다. 그리고 집착의 결과로 특정한 생각과 감정이 한곳에 오래 머물러 있다가 그것이 마음을 이루는 하나하나의 벽돌이 된다.

이렇게 만들어진 마음의 벽돌로서 끈끈한 관계로 자신을 관계 짓고 그것을 중심으로 자아의 느낌을 자아낸다. 이것이 마음의 탄생이다.

의식과 대상

나는 언젠가 작고하신 어머니로부터 외할머니가 임종 직전에 하셨다는 말씀을 전해 들은 바 있다. 그것은 외할머니께서는 발끝에서부터 시작된 육체의 죽음을 선명히 바라보시며 "이제 내가 세상을 뜨는구나." 하셨다고. 외할머니 의식이 다가오는 육체의 죽음을 인식했다는 것이다. 또 얼마 전 마지막 수업을 마친 故 이어령 선생 또한 맑은 정신으로 죽음을 맞이했다는 소식이고 나 또한 그런 맑은 정신으로 육체의 마지막을 소망하고 있다.

우리는 우리의 의식이 생각 속에서 사방 천지를 헤매는 자신을 인식할 때가 있다. 조금만 주의를 기울여도 알 수 있는 선명한 사실이다. 또 우리는 꿈을 꾸면서 꿈인 줄 인식할 때가 더러 있다. 숲속의 조용한 명상가 마이클 싱어 著《상처받지 않는 영혼》에는 이러한 우리의 의식의 대상을 잘 정리해 둔 대목이 있다. 이렇게 되어 있다.

> 가슴이 불안해지기 시작할 때, 당신은 그 느낌을 분명히 인식한다. 그런데 누가 그것을 인식하는가? 그것은 샥티, 내면의 존재, 영혼, 참나이다. 그것은 보는 자, 보는 그다. 나의 내부의 에너지 흐름 속에서 감지되는 변화도 단지 이 의식이 인식하는 대상일 뿐이다.

자유로워지기를 원한다면 에너지 흐름에 어떤 변화를 감지할 때마다 힘을 빼고 그 뒤로 물러나라. 그것과 맞서우지 마라. 그것을 바꿔 놓으려고 애쓰지도 말고 그것을 심판도 마라. 심지어 불평과 불만을 말하지도 마라. 그렇지 않으면 당신은 생각에 딸려 가거나 휘말리고 말 것이다.

당신은 그 모든 것을 놓아 보내야 한다. 이것은 단지 생각과 감정을 놓아 보내는 것에 관한 일만이 아니다. 이것은 사실 그 에너지가 당신의 의식에 미치고 있는 인력을 놓아 보내는 것에 관한 일이다. 혼란스러운 에너지는 그 안으로 당신을 끌어들이려고 애쓴다. 의지력을 발휘해서 거기에 딸려 가지 않고 내면의 자리에 남아 있으면 당신은 '의식의 대상'과 '의식'의 차이가 낮과 밤만치 뚜렷하다는 것을 알아차리게 될 것이다. 그것은 서로 완전히 별개의 것이다. 의식의 대상은 왔다가 사라진다.

의식은 그것이 왔다가 가는 것을 지켜본다. 그러면 의식이 지켜보는 눈앞에 다음의 대상이 왔다가 간다. 대상들은 왔다가 지나가지만, 의식은 아무 데도 가지 않는다. 그것은 그 자리에 머물러 있으면서 그저 모든 것을 지켜본다. 그것이 어디서 오고 가는지를 선명히 알아차린다.

그것은 이 모든 것을 생각하지 않고 본다. 힘들이지 않고 본다. 그저 지켜본다.

신을 아는 방법

숲속의 소박한 명상가 마이클 싱어 저서 《상처받지 않는 영혼》에는 신을 아는 방법에 대해 그가 경험을 바탕으로 잘 설명해 놓은 부분이 있다. 나 또한 독서와 사색과 명상과 기도를 통해 만난 경험이 마이클 싱어의 주장과 크게 다르지 않다. 그는 이렇게 적고 있다.

자신을 하나의 개인으로 인식하는 의식의 물방울이 충분히 깊숙이 들어가면 그것은 대양 속에 떨어진 물방울처럼 된다. 개인의 의식이 우주적 일체성 속으로 떨어진다. 그것이 끝이다. 그런 일이 일어날 때 사람들은 이런 말을 한다. "나와 아버지는 하나다. 곧 나와 신은 하나다."

개인의 영(靈)인 의식의 물방울은 태양으로부터 비쳐 오는 한 줄기의 빛살과도 같다. 각각의 빛살은 태양과 실로 다름없다. 의식이 자신을 빛살과 동일시하기를 그치면 자신이 바로 태양임을 깨닫는다. 깨달음의 존재들은 그런 상태 속으로 녹아든다.

모든 시대 모든 위대한 종교 전통들도 대부분 그렇게 가르쳤다. 그러한 상태가 존재한다. 우리는 우주적 절대자 속으로 녹아들 수 있다. 신(神) 속으로 녹아들 수 있다. 이것이 신에 대해 아는 방법이다. 당신은 신과 하나가 된다. 궁극적으로 신에 대해 아는 유일한 방법은 자신을 그 속으로 녹아들게 하고 무엇이 일어나는지 보는 것이다. 이것은 우주 의식이며, 이처럼 깊은 경지를 성취한 존재들의 특징은 모든 종교에서 유사하다.

마음의 탄생

숲속의 소박한 명상가 마이클 싱어의 저서 《상처받지 않는 영혼》에는 인간 마음의 탄생을 잘 설명해 놓은 대목이 있다. '마음이 무엇인가? 왜 마음은 변덕스러운가?'에 대한 번민을 누구나 한 번쯤 해 보았을 것이다. 나에게도 케케묵은 과제였다. 그런데 삶의 다양한 경험이 깊은 숙성을 거치지 않으면 나올 수 없는 정의를 책에서 만난 기쁨이 크다. 마치 일상을 통해 누구나 쓰고 만지는 마음을 마치 먼지 턴 선반에 가지런히 정돈을 하는 느낌이다.

그동안 나 또한 '생각이 곧 나는 아니다.'라는 어렴풋한 의식을 지니고 있었고, 나를 구성하고 있는 수많은 요소와 기능 그리고 내 안에서의 그들이 생각, 감정, 음성, 이미지 등 다양한 방법을 통한 표출 경쟁을 통해 '나'라는 관념을 만들거나 선점하려고 하는 경험을 어느 정도 의식해 오고 있었던 터라 마이클 싱어의 경험적 글은 내게 시사하는 바가 크다. 이렇게 되어 있다.

> 수많은 정신적, 감정적 에너지 패턴도 집중된 의식을 만나면 고정된다. 어떤 특정한 대상에 다른 대상보다 많은 양의 의식을 집중하는 행위 자체가 집착을 만들어 낸다. 그리고 집착의 결과로 특정한 생각과 감정이 한곳에 오

래 머물러 있다가 그것이 마음을 이루는 하나하나의 벽돌이 된다.

당신은 이렇게 만들어진 벽돌들로 자신을 관계 짓는다. 내면의 이 벽돌들과 너무나 끈끈한 관계를 맺은 나머지 그것을 중심으로 자신의 자아의 느낌을 지어낸다. 이것이 마음의 탄생이다. 텅 빈 의식의 공간 한가운데를 지나가는 생각을 하나 붙들었다가 결국은 든든해 보이는 섬을 하나 만들어 낸 것이다. 당신은 거기에 머리를 기대게 된다.

이 마음의 벽돌에 의식이 집중될수록 그것으로써 자아 관념을 정의하려는 습성은 강해진다. 결국, 집착은 벽돌과 모르타르를 만들어 내고 그것으로 관념적 자아를 지어낸다. 광활한 내면의 공간에서 연기와도 같은 생각을 가지고 든든해 보이는 마음의 집을 지어 놓고 사는 것이다. 길 잃은 사람처럼 발견되기 위해서 자아 관념을 쌓아 올리려고 애쓰고 있는 당신은 누구인가.

.

천국의 도래

2년 전 사두고 읽지 못한 도올 김용옥 선생의 역저 《도올의 마가복음 강해》를 오늘 오전에야 창가에 쪼그리고 앉아 마쳤다. 600페이지가 넘는 분량인지라 사뭇 시일이 걸렸지만 재미나고 유익하게 읽었다. 공감되는 부분도 있고 여전히 의심으로 남는 대목도 있다.

하지만 어린 시절부터 서구 신학에 젖어 온 나로서는 한국 토착 신학자들의 동양적 사고와 분석으로 성서를 바라보는 연구는 독자적이고 늘 나의 마음을 사로잡아 끄는 힘이 있다. 오래전 다석 류영모 선생의 글이 그랬고, 도올 김용옥 선생의 글 또한 읽을 때마다 많은 것을 생각하게 한다.

이 책은 신약성경 4복음서의 원형 마가복음서의 이해에 큰 도움이 되었다. 차제엔 독일의 루터회 신학자 루돌프 불트만이 지은 것을 신학자 허혁 선생이 번역한 《공관복음전승사》를 읽어 볼 참이다. 아래는 천국(天國), 하나님의 나라에 대한 도올 선생의 해석이다. 천국에 대한 매우 깊고 용기 있는 통찰이며 쉬이 만나기 어려운 정리가 아닐 수 없다. 이렇게 되어 있다.

천국은 분명 와야 할 것으로 우리 미래에 걸려 있는 소망이지만, 천국은 이미 예수의 삶과 더불어 이 땅에 도래하였고 또 천국을 소망하는 사람들에게 끊임없이 오고 있는 '그 무엇'이다. 천국은 미래인 동시에 과거이며 또 동시에 현재 진행인 것이다. 천국을 믿느냐? 천국의 도래를 받아들이냐는 질문은 그것의 과학적 진위를 가리는 문제가 아니라 너의 삶을 천국의 도래에 걸 수 있느냐 없느냐, 그 모험의 결단을 촉구하는 선포인 것이다.

예수는 때가 찼고 하나님 나라가 가까웠으니 회개하고 복음을 믿으라고 선포하였다. 다시 말해서 그의 공생애의 출발 자체가 하나님 나라의 선포였다. 천국은 씨 뿌리는 행위였고, 그 행위의 주체인 사람의 문제였고, 사람과 사람의 만남의 문제였다.

천국! 그것은 외계에서 내려오는 비행접시가 아니라, 사람 그 자체였다. 천국은 사람이요, 사람의 행위요, 사람의 인식의 대전환이요, 사람의 노력으로 성취되는 역사의 문제인 것이다. 천국은 인간의 씨 뿌림이요, 역사의 열매일 뿐이다.

예수는 천국을 유토피아로서 말한 적이 없다. 다윗 왕조를 거부한 그가 새로운 유토피아 왕조를 구가할 까닭이 없다. 천국은 어떠한 경우에도 일시적인 완성태가 아니라는 것이다. 천국은 '자라나는 것'이다. 하늘나라는 역사 속에서 생성되는 것이다.

컵이 깨지고 나면

故 이어령 선생의 마지막 인터뷰 내용이다. 그는 빅뱅 이전의 하나님과 공허(空虛)에 대해 의미심장한 이런 말을 남겼다. 이 세상에 남아 살아가는 우리에게 여러 가지를 생각하게 해 준다. 나름 요약해 옮긴다. 그는 이렇게 고백했다.

유리컵에 마음으로 채우고 살았는지 영혼으로 채우고 살았는지는 컵이 깨지고 나면 알겠지. 미안한 얘기네만, 대체로 정치가들 몸에는 마음만 꽉 차 있어. 깨지면 남는 게 없어. 빵, 돈 이런 것들만 남겠지. 시인, 화가, 종교인 등 비어 있는 영혼의 세계를 이야기한 사람들은 영원히 가. 우주와도 통하니까.

태초에 빅뱅이 있었어. 물질과 반물질이 있었지. 이것들이 합치면 빛이야. 엄청난 에너지지. 빛이 되다만 물질의 찌꺼기가 있을 것 아닌가. 그게 바로 우리야. 자네와 나이지. 우리는 빛이 되지 못한 물질의 찌꺼기. 그 몸을 가지고 사는 거라네. 그런 우리가 반물질을 만나면 어떻게 될까? 빛이 되는 거야. 우리가 쓰는 에너지는 모두 빅뱅 때 만들어진 그 빛이라네. 반물질을 못 만나 물질로 남은 것들은 끝없이 뭐가 되고 싶겠나? 빛이 되고 싶을 거야. 빅뱅이 내가 태어난 고향이거든.

그런데 빅뱅 이전에 존재했던 빛도 물질도 아닌 이 Void, 공허의 공간이 바로 신의 영역이라네. 거기에 빛이 들어가 창조가 되는 거지. 하나님의 영과 공허가 섞여 우주가 창조되는 순간이야. 천국은 물질과 마인드가 있었던 기억과 그것을 담을 수 있게 했던 Void 그 자체. 공허는 죽지 않아. 빅뱅 이전에 있었으니까.

유리컵과 영혼

故 이어령 선생이 이생에서의 마지막 인터뷰 중에, 우리들의 몸, 마음, 영혼을 묘사한 대목이 나온다. 그토록 심오한 이야기를 하나의 컵으로 알아듣기 쉽게 설명하는 그의 지식과 지혜가 참으로 놀랍다. 그는 이렇게 설명을 하고는 다시는 돌아오고 싶지 않은 이 세상과 작별했다.

유리컵을 사람의 몸이라고 가정해 보게나. 컵은 무언가를 담기 위해 존재하지? 그러니 원칙적으로는 비어 있어야겠지. 빈 컵이 아니면 제구실을 못 할 테니 말일세. 생각해 보게나. 컵이 비어 있는 상태를. 그런데 비어 있으면 그 뚫린 바깥 면이 어디까지 이어지겠나? 끝도 없이 우주까지 닿아. 그게 영혼이라네. 그릇이라는 물질은 비어 있고, 빈 채로 우주에 닿은 것이 영혼이야.

그런데 빈 컵에 물을 따랐어. 이 액체가 들어가서 비운 면을 채웠잖아. 이게 마음이라네. 우리 마음은 항상 욕망에 따라 바뀌지? 그래서 보이차도 되고 와인(Wine)도 돼. 똑같은 육체인데 한 번도 같지 않아. 우리 마음이 늘 그러잖아. 아침 다르고 저녁 다르지.

그런데 이것 보게. 그 마음을 무엇이 지탱해 주고 있나? 컵이지. 컵 없으면 쏟아지고 흘어질 뿐이지. 안 그런가? 나는 죽어 가고 있지만, 여전히 내 몸은 액체로 채워져 있어. 마음으로 채워져 있는 거야. 그러니 화도 나고 환희도 느낀다네. 저 사람 왜 화났어? 뜨거운 물이 담겼거든. 저 사람 왜 저렇게 쌀쌀맞아? 차가운 물이 담긴 거야.

죽으면 어떻게 되나? 컵이 깨지면 차갑고 뜨겁던 물은 다 사라지지. 컵도 원래의 흙으로 돌아가는 것이고. 그러나 마음으로 채워지기 이전에 있던 컵 안의 공간은 사라지지 않아. 공허를 채웠던 영혼은 빅뱅과 통했던 그 모습 그대로 있는 거라네. 영혼을 인정하지 않는 것은 유리컵 안의 공간을 인정하지 않는 것이라네.

故 이어령 선생의 말처럼 나, 당신, 그리고 여러분과 우리의 모두는 유리컵이다. 우리가 유리컵 같은 존재임을 인정하고 의식의 눈을 떠야 한다. 그것이 바로 깨달음이 아닐까. 개인뿐만이 아니라 이 사회도 지구도 우주도 유리컵이 아니겠는가. 비록 유리컵의 실존이지만 각 자의 유리컵에 우리는 지금까지 무엇을 담아 왔는가. 그리고 앞으로 그 무엇을 담고 싶은지를 생각해 보자.

고백과 부탁

이 핑계 저 핑계 하며 차일피일 5개월여 독서를 게을리했다. 어느새 봄꽃이 피고 지고 신록이 우거진 어느 날에 아들 황이가 내게 선물한 책이, 김지수 문화 전문기자가 故 이어령 선생의 마지막 시간을 품위 있게 기록해 열림원에서 출간한 《이어령의 마지막 수업》이다.

"이 마지막 인터뷰로 나는 70년은 더 살겠지." 웃으시던 책 108페이지에는 평생의 번뇌를 벗은 듯한, 후배들에게 남긴 그의 고백과 부탁이 다음과 같이 기록되어 있다. 한때 그분을 먼발치서나마 뵈었던 것이 감사하다. 이렇게 말을 하고는 멀리 떠났다.

> 나는 타인과는 내내 껄끄럽고 소외되고 외로웠다네. 그건 남이 도와줘서 없어질 외로움이 아니었어. 다르게 산다는 건 외로운 거네. 그 외로움이 모든 사회생활에 불리하지만 그런 자발적 유폐 속에 시가 나오고 창조가 나오고 정의가 나오는 거지.

> 둥글둥글 누이 좋고 매부 좋고의 세계에선 관습에 의한 움직임은 있지만, 적어도 자기가 가고 싶은 곳으로 가는 자가발전의 동력은 얻을 수 없어. 타성에 의한 움직임은

언젠가는 멈출 수밖에 없다네. 작더라도 바람개비처럼 자기가 움직일 수 있는 자기만의 동력을 가지도록 하게. 백번을 말해도 부족하지 않아. 생각이 곧 동력이라네. 우리가 사는 세상은 중력 속의 세상이야.

바깥으로부터 무지막지한 중력을 받고 살고 있는 것이지. 생각하는 자는 지속적으로 중력을 거슬러야 한다네. 가벼워지면서 떠올라야 하지. 떠오르면 시야가 넓어지고 중력에 반대되는 경력이 생기지. 생각이 날개를 달아주거든. 그런 세계에선 사실 사회성이란 건 중요하지 않다네. 사회성 좋은 사람이 위대한 철학자가 되고 예술가가 된 사람은 없지 않은가.

그것

하나님은 우리를 향해 당신이 가지고 있는 계획을 힐끗힐끗 보여 주신다. 그것은 우리로 하여금 꿈을 꾸게 한다. 그렇게 하나님은 우리에게 그분의 비전을 보이시고 소원을 주신다. 그 비전과 소원은 우리의 가슴을 설레게 하며 뛰게 만드는 힘찬 박동의 특징이 있다.

혹 당신의 가슴을 뛰게 하는 것이 있는가. 당신의 가슴을 설레게 하는 그 무엇이 지금도 있는가. 그렇다면 생각해 보라. 그것이 하나님이 당신에게 주신 꿈인지를. 내 생에 이것만 이룰 수 있다면 죽어도 행복하다고 고백할 수 있는 무엇이.

물론 나에게도 어린 시절 그분께서 힐끗힐끗 흘러가는 산골 구름 속에 비전을 보이시고 소원을 주셨건만, 그리고 그 비전과 소원이 내 가슴을 뛰게 하였건만 나는 어쩌지 못하고 어느새 이 가을의 시간을 맞았다. 지금이라도 겨울이 오기 전 약속 시간에 늦지 않으시는 그분께서 나에게서도 그분의 비전과 소원 이루시길 간절히 기도드린다.

라빈드라나트 타고르의 짧은 회고록에는 그가 만난 비전이 고요한 아침에 숲속을 아름답게 비추는 햇살처럼 이렇게 적혀 있다. 타고르는 그의 깨달음이 책을 통해 오는 것이 아니라 자신의 영적 비전에서 얻어지는 것이라고 여겼다. 타고르가 18세 때에 처음 체험했다는 그의 비전은 이렇게 적혀 있다.

> 해가 잎이 무성한 나무 꼭대기 위로 막 떠오르고 있었다. 내가 그것을 보고 있는데 갑자기 내 눈에서 눈꺼풀이 떨어지는 것 같았다. 그러고는 온 세상이 온통 아름다움과 기쁨의 물결과 함께 찬연한 빛으로 목욕한 것처럼 보였다.

> 그 빛줄기가 내 심장에 겹겹이 쌓여 있던 슬픔과 실의의 장벽을 꿰뚫고 들어와 우주적인 빛으로 넘쳐나게 했다. 어릴 때부터 나는 내 눈으로만 보았다. 그러나 이제 나는 나의 의식 전체를 가지고 보기 시작했다. 나는 헤아릴 수 없이 깊은 영원한 기쁨의 샘을 감지할 수 있었다. 거기서부터 셀 수 없이 많은 웃음의 물안개가 온 세상으로 날아가 흩어졌다.

그리스도인과 정치

오늘은 20대 대한민국 대통령을 뽑는 날이다. 지난 4일과 5일 사전투표율이 36.9%에 이르렀고 오늘 본 투표를 합하면 총투표율이 70% 전후를 기록할 것으로 예상되고 있다. 아무튼, 거대 양당의 후보든 제3의 후보든 국민의 선택은 존중되어야 하고, 누가 당선되든 공정과 정의, 상식을 상실하고 발생된 경제사회적 위기, 빈부격차, 세대 간 갈등, 정치개혁 과제 등 위기의 국가를 더 나은 미래로 이끌 지도자의 선출을 기대해 본다.

나는 하나님을 아버지 삼고 예수를 스승 삼아 이 세상을 살아가고 있는 그리스도인이다. 만약 나에게도 순교의 기회가 주어진다면 과연 실천할 수 있을까를 망설이는 자이지만, 그래도 아마추어가 아닌 프로 그리스도인으로 살다가 이삼십 년 후에는 하나님 앞에 이르기를 소망한다.

나의 경험과 지식으로는 그리스도인의 국가적 책무는 매우 크다. 국가 또한 하나님의 조직 구성이요 살림이기에 그렇다. 또 국가는 예나 오늘이나 하나님의 역사를 만들어 가는 데 중요한 요소다. 그러므로 국가의 대소사를 세상의 일로 치부하거나 하나님 뜻에 반하는 정치활동은 그리스도인의 진실한 삶이 아니다.

그런 면에서 기독교뿐만 아니라 종교 지도자의 태도와 가르침과 사회적 역할은 아무리 강조해도 부족하다. 한마디로 올바른 정치 행정에 대해 가르치고 또 선거 때마다 바른 판단을 내릴 수 있도록 해야 할 무거운 책무가 종교 지도자와 그리스도인들에게 있는 것이다.

인도의 위대한 스승 마하트마 간디는 정치에 대해 이런 말씀을 했다. "우리를 파괴하는 일곱 가지의 증상이 있다. 그것은 일하지 않고 얻은 재산, 양심이 결여된 쾌락, 성품이 결여된 지식, 도덕이 결여된 사업, 인간성이 결여된 과학, 원칙이 없는 정치, 희생이 없는 종교다."

또 그는 "내가 이루려고 바라는 것, 내가 지난 30년 동안 성취하려고 싸우며 애써 온 것은 참 나의 깨달음, 하나님을 뵙는 것 곧 목샤를 얻는 것이었다(To see God face, to attain Moksha). 나는 이 목적을 달성하기 위하여 살고 움직이고 존재한다. 내가 말로 혹은 글로 하는 모든 것 그리고 정치 분야의 모든 모험도 이 한 목표에 지향되어 있다."

이러한 간디의 고백은 오늘날 그리스도인이 목적 삼아야 할 정치의 가치를 생각하게 한다. 무릇 사람이라면 진리의 인생관을 높여 가야 한다. 사람이 사는 데 참의 인생관을 높이기 전에는 그 사회는 볼일 다 본 것이다. 대선을 앞두고 정치권과 후보들 발언이 난무하다. 정치지도자들도 진리의 인생관을 높여야 한다. 그렇지 않으면 그들도 기대할 것 없는 볼 장 다 본 것이다.

하나님에게는 여야가 따로 없다. 하나님은 이념적 좌우도 없는 분이시다. 그러나 모두를 사랑하시되 책망하시는 하나님이다. 그러므로 그리스도인일수록 정치 행정에 대해 경거망동해서는 안 되는 것이다. 진심으로 바른 정치와 행정을 위해 기도해야 하는 것이다. 교회와 하나님과 예수를 팔아 정치해서는 안 되는 일이다.

그러나 아쉽게도 대부분 정치인이 그렇게 하고 있음이 현실이다. 부화뇌동하여 알면서도 세상과 야합하는 비정상 교회와 그리스도인이 많은 것도 실상이다. 나는 하나님의 뜻을 다 헤아려 알지는 못하지만 그래도 오늘 선거를 통한 하나님의 뜻이 있음을 믿고 따르겠다.

5년 전 19대 대선을 앞두고 유홍준 명지대 석좌교수가 미(美)를 보는 눈《안목 眼目》이라는 책을 집필해 펴낸 바 있다. 당시 대선을 앞둔 우리에게 넌지시 시사하는 바 커서, 기록해 둔 책 속의 명문장이 있었는데 소개하자면 다음과 같다.

예술을 보는 안목은 높아야 하고, 역사를 보는 안목은 깊어야 하고, 현실 정치·경제·사회를 보는 안목은 넓어야 하며, 미래를 보는 안목은 멀어야 한다. 우리 사회 각 분야에 굴지의 안목들이 버티고 있어야 역사가 올바로 잡히고, 정치가 원만히 돌아가고, 경제가 잘 굴러가고, 문화와 예술이 꽃핀다. 당대에 안목 높은 이가 없다면 그것은 시대의 비극이다. 친하의 명작도 묻혀 버린다.

유일의 약점

어제는 인천 연수구에서 멀지 않은 영종 무의도 호룡곡산을 산행했다. 평일이라 사람 적어 오르는 기쁨이 더했다. 불어오는 솔바람은 차갑지 않았고, 산등성 외로운 노간주나무와 물 마른 냇가 수양버들이 벌써 푸른빛을 띠고 있었다. 아랫마을 검푸른 동백나무에도 어느새 봄은 다가와 앉아 있었다. 거룩함을 지켜야 하는 이유에 대해 상고해 본다.

거룩함이란 나와 모든 존재의 심연에서 느끼는 만물의 근원이자 창조주 하나님과 만남이며 교류다. 그 거룩함은 하나님 임재(臨在)로 들어가는 비밀 통로이기도 하다. 하나님 임재에 들어가는 길은 광야라는 마른 땅을 지나 거룩함이라는 좁은 길로 이어진다. 이 길은 많은 사람들이 걸어간 길은 아니다. 그리고 하나님 임재는 하나님의 능력을 입는 열쇠다. 그러므로 하나님이 일하지 못하는 것은 그분의 능력 없어서가 아니라 우리의 거룩함이 없어서다. 오늘날 그리스도인이 능력을 잃어버렸다면 그것은 거룩함을 잃어버렸기 때문이다.

일은 하나님이 하지만 그 하나님이 일하실 수 있는 환경을 만드는 것은 우리 책임 바로 우리의 삶의 거룩함이기 때문이다. 하나님은 거룩함을 잃어버린 곳에서나 또 거룩함을 잃은 사람에게서는 일하실 수 없는 분이다. 그것이 그분의 유일한 약점이라면 약점이다.

마지막 때에 주님이 기뻐하시는 사람들은 거룩함을 추구하는 사람들이다. 그들만이 인류 역사의 마지막을 지키는 사람들이 될 것이다. 자녀가 잘되고, 농사가 잘되고, 만사형통하고, 금융이 잘 돌아가고 이런 것들보다 더 중요한 것은 거룩한 백성으로 세워지는 것이다. 이 세상을 잘 살다 간 로렌스 형제가 일상에서 살아 낸 거룩한 습관을 소개하자면 이렇다.

하나님을 사랑하기 위해 하나님께 속하지 않은 모든 것을 포기하였으며, 이 세상에 오직 하나님과 저만 존재하는 것처럼 살아가기 시작했습니다. 저는 가능한 자주, 그 자리에서 하나님을 경배하면서 하나님의 거룩하신 임재에 제 마음을 집중하였으며 제 마음이 하나님으로부터 산만해질 때마다 다시금 그 임재를 떠올렸지요. 무시로, 시시각각으로, 매 순간, 심지어 가장 분주한 일과 시간에도 제게서 하나님을 생각하지 못하도록 가로막을 수 있는 모든 것을 마음으로부터 떨쳐 버리고 내쫓았습니다.

하나님 일하시는 방법

하나님은 그분의 선한 목적을 이루기 위해 또 악을 진멸하기 위해 세상의 악한 방법을 동원하지 않으신다. 또 믿음의 사람들은 세상의 방법으로 세상을 이길 수 없다. 세상의 방법은 믿음의 힘을 뽑아 버리기 때문이요, 악한 영(靈)들이 세상의 악한 방법 배후에 있기 때문이다.

단번에 승부 나는 싸움도 아니다. 엎치락뒤치락 매일같이 일어나는 전투와 같다. 사울이 어린 다윗에게 골리앗을 상대로 세상 방법으로 싸우라고 사울 자신의 갑옷을 다윗에게 주었지만, 다윗은 벗어던지고 물맷돌을 지닌 채 대신 하나님의 말씀을 입고 나아갔다. 그것이 곧 하나님의 전신 갑주다.

사도 바울이 세상의 다양한 싸움을 겪어 보고서 우리에게 적어 놓은 성경 사도행전의 편지 교훈이 바로 하나님의 전신 갑주 입으라는 것이다. 세상의 일을 마치 선한 목적이라고 착각하고 동원해서도 안 되는 것이다. 이 세상이 이 지경에 이른 것은 내 옳은 대로 살기 때문이다. 좋을 대로 살기 때문이다.

나는 이 시대가 하나님의 목적에 따라 하나님의 방법으로 하는지를 돌아보아야 한다고 생각한다. 우리가 사는 이 세상에는 크게 두 군데의 전투 장소가 있다. 하나는 기도의 자리이고 다른 한 곳은 일상의 자리다. 이 전투장을 잊지 않고 사는 것이 진리의 허리띠를 매는 일이다.

그리고 믿음의 방패를 지녀야 한다, 이간질, 그분을 사랑할 수 없도록 하는 일 또 매일같이 인터넷을 타고 날아다니고 쌓이는 수많은 콘텐츠 위험으로부터 믿음은 방패가 된다. 그리고 구원의 투구를 써야 한다. 머리를 보호받지 못하면 어떻게 되겠는가? 머리를 보호 못 하면 세상에 물들고 세상에 미치게 된다.

그런데 하나님께서 우리에게 주신 단 한 가지 공격 무기가 있다. 그것은 성령의 검이다. 곧 말씀의 검이다. 세상과 마귀와 싸우는 일에 기도하는 사람만큼 지혜로운 사람이 없다. 나의 삶의 경험과 고통과 사색과 익힌 지식으로 생각해 보아도 그렇다. 세상의 학벌과 경력, 지위, 재물 등으로 싸우는 그들보다 성령의 검으로 싸울 줄 아는 이의 지혜가 빛난다.

세상의 교훈 가운데 지피지기면 백전백승한다. 자칫 나도 모르고 세상도 모른 체 살아가게 되고 백전백패하고 만다. 세상은 그토록 자신과 싸울 상대를 위해 노력하지 않은가. 이 나라가 왜 이토록 혼돈스럽게 되었나. 그것은 한마디로 주적이 누구인지 모르기 때문이다. 스스로 분쟁하게 되면 무너지게 되어 있다. 가정도, 사회도, 국가도 마찬가지다. 그래서 귀신들도 자기끼리는 단결하며 산다.

부르심, 데스티니(Destiny) DNA

깊은 겨울이다. 며칠 전 장염을 앓았더니 나뭇잎 떨어진 빈 가지처럼 두 넓적다리가 눈에 띄게 가늘어졌다. 고성준 목사 저서 《카이로스》 1, 2권을 끝내고, 고 목사의 《카이로스》 집필 이전의 저서 《데스티니: 하나님의 계획》을 붙들고 있다.

목사가 되기 전 촉망되던 수학자이기도 했던 고성준 목사의 글에는 수학의 냄새와 철학이 들어 있다. 사람의 일생을 또 다른 측면에서 곱씹어 보게 하는 재미와 유익함도 있다. 책의 일부를 나름 소화해 옮기자면 다음과 같다.

우리 삶은 우연의 연속이 아니다. 그렇다고 공장에서 찍어 내듯 획일화된 인생도 아니다. 하나님은 우리를 결코 우연의 산물로 창조하지 않으셨다. 우리 삶에는 분명 하나님이 계획하신 명확한 설계도가 있고 목적이 있다. 그리고 그 계획과 목적에는 하나님의 사랑이 깔려 있음을 나는 신앙한다.

그분이 우리를 향한 계획과 목적을 이루어 갈 때 우리는 행복하고, 거기서 멀어져 갈 때 인생이 허무해지는 것이다. 하나님이 사람을 그렇게 창조하셨다. 오래전 읽었던 신학자 칼빈의 예정론과 굳이 다른 점이라고 말하자면 고목사의 예정론은 사랑의 예정론이라고 하겠다.

하나님이 우리 안에 창조해 넣으신 그분 사랑의 데스티니(Destiny)의 DNA는 환경이 힘들다고 막히거나 변질이 되지 않는다. 또 우리를 향한 하나님의 계획에는 막힘이 없다. 이스라엘 민족이 가나안 땅 진입을 위해 요단강을 건너기 전, 12명 정탐꾼 가운데 여호수아와 갈렙만이 하나님의 데스티니를 보았다.

하나님이 당신 안에 창조해 넣은 그분의 DNA는 반드시 이루어진다. 당신이 그것을 이해하고 그 길을 선택하기만 한다면 말이다. 다만 유의할 것은 우리의 짓는 죄가 데스티니를 멈추게 하기도 왜곡하기도 절반의 성공으로 마치게도 한다는 점이다.

아담과 하와가 죄를 지었을 때 데스티니는 사라지고 죽음이 들어왔다. 엘리사의 시종 게하시가 나아만 장군에게 돈을 요구하는 죄를 범했을 때 그의 데스티니에는 없던 저주가 임했다. 가인이 아벨을 죽일 때도, 아나니아와 삽비라가 교회를 속였을 때도 그들의 데스티니는 바로 멈춰 버렸다. 또 출애굽한 이스라엘 백성들이 가나안에 들어가기를 거부했을 때 그들의 데스티니는 38년 동안 사막에서 지연되었고, 가룟 유다가 예수를 팔 때 그의 데스티니는 비참하게 멈췄다.

모든 죄는 데스티니를 멈추게 하거나 지연하거나 왜곡한다. 그래서 하나님이 죄를 미워하시는 까닭이다. 데스티니는 우리의 생각보다 훨씬 크고 위대하다. 부모는 자식이 더 크고 위대한 것을 추구하는 것을 바라시는 것처럼 말이다.

만물의 근원이자 창조주 하나님께서 우리 각자에게 심어 놓은 데스티니(Destiny) DNA는 나의 비전 우리의 비전이 아니라, 나를 향한 우리를 향한 하나님의 비전이다. 그러니 생각해 보라. 하나님이 하시겠다는 일을 감히 누가 막겠으며 또 막을 수 있겠는가! 인생의 어떤 장벽도 하나님 앞에서는 장벽일 수 없다. 누구든지 하나님께 받은 데스티니 길에 들어서면 장벽은 무너지고 길은 열린다.

하나님 내시는 길

기도하는 사람에게는 하나님이 내시는 길이 있다. 그 길은 우리가 생각하는 길이 아닐 수 있다. 하지만 하나님이 내시는 길이 최고의 길이다. 그런데 기도를 한다고 하나님이 내시는 길이 쉬이 보이는 것은 아니다. 그럼 어떻게 해야 할까.

믿음의 선조들은 우리가 진실하고 겸손히 기도하는 순간 하나님이 들으시고 그때부터 기도드린 그 일에 손대기 시작한다고 가르쳐 주었다. 기도는 꼭 말이 많거나 생각이 깊거나 특정한 사고방식을 따르지 않아도 된다. 그 언제나 어디에서나 하나님의 임재 안에 거하면서 진실하고 겸손히 아뢰는 것이 가장 중요하다.

하나님은 시공간 넘어 언제나 우리 있는 곳에 계시며, 기도는 우리가 하나님을 현재 속에서 만나는 최고의 방법이기 때문이다. 그러니 기도드리기 위해 부러 적당한 장소나 특정 시간을 기다릴 필요는 없다. 걸어가며 기도해도 그분은 들으시기 때문이다.

인간과 하나님의 관계란 허상(虛像)이 아니라 실제적인 것이다. 그 관계가 이루어지는 영역 또한 이 세상에서 벌어지는 우리의 일상이다. 기도하는 사람은 지금은 당장 안 보일지라도 그분이 알고 내시는 길을 걷고 있음을 잊지 말아야 한다. 그 길 위에서 우리에게 일어나야 할 일이라면 일어날 것이다. 그 길이야말로 가장 안전하고 행복한 길이기 때문이다.

죽음과 부활의 묵상

아침잠에서 깨며 죽음과 부활의 의미를 생각했다. 어쩌면 평소 내게 잠재해 있는 죽음의 해석과 부활의 신앙이요 또한 생의 미련 떨쳐 보려 애쓰는 개인적 몸부림이요 상처일 수도 있을 것이다. 그래서 꿈마저 꾸지 않은 간밤의 나는 누구이며, 어디에 있다가 이 아침 의식을 회복하는 것인가? 하는 물음을 던져 보곤 한다.

나(我)라는 자아는 본래 이 세상에 없다가 나왔다. 어떤 이는 '본래 있었던 내가 이 세상 잠시 다녀갈 뿐이다.' 말하고 또 '예정된 내가 이 세상 잠시 왔다가 돌아간다.'라고도 한다. 또 어떤 이는 '수만 겹 인연으로 어쩌다 이 세상에 와 살다 돌아간다.'라고 말한다. 이 같은 표현에는 특정 종교를 믿던 아니든 사라지는 것들에 대한 아쉬움이 서려 있다.

나는 어릴 적부터 죽음의 순간과 모습을 비교적 많이 지켜봐 온 사람이다. 임종 직전에 일어나는 짧은 기적 같은 건강의 회복과 의식의 확대, 또 감쪽같이 고통이 사라진 평안의 모습에서 인간이 육체를 넘어 신비로운 영적(靈的) 존재임을 어렴풋이 느껴 왔다.

나는 우주 만물의 근원이자 창조주 하나님과 십자가에서 죽은 예수가 인류와 나의 구원자임을 신앙하는 그리스도인이다. 그러므로 죽음과 부활에 대해 누구보다 익숙한 자이건만, 간혹 오늘처럼 시린 겨울 하늘 아래 나뭇잎 지고 우두커니 서 있는 나목(裸木)을 스쳐 지날 때는 문득 이런 생각에도 잠긴다.

간밤 잠자리에 들어 이 아침에 내가 깨지 못하였다면 나는 이미 그 어떤 모습이든, 또 어느 과정이거나 절차이든 나는 창조주의 또 다른 세계에 든 것이다. 그것이 이 세상의 미련과 관계와 기억들의 잊힘이든, 아니면 나의 의식과 모습이 확장된 그 무엇으로의 변화이든 나는 분명 창조주의 또 다른 세계에 진입한 것이다.

그리고 이 세상의 죽음이 가져올 그 시간이 나에게 천 년이든 만 년이든 이 세상에 남은 자들이 셈하는 죽음 이후의 숱한 시간은 나를 지루하게 못 할 것이며 또 나의 기다림은 조급해하지 않을 것이라는. 또 심지어 괴로웠고 때로는 즐거웠던 세상의 기억들을 설령 회복하지 못한다 할지라도 그 무에 억울함이 있을 것이며 아쉽고 안타까운 일이라 말할 수 있을까. 죽음을 두려워하는 자들마저 서로 잊히고 잊혀지면 공평하기도 하는 일이기도 할 테니까 하는 생각 말이다.

무덤 속의 시간에도 제한이 있을까. 우리가 살면서 상대적으로 그렇게 인식하고 세월을 계산할 뿐. 우리가 완전히 이해하지도 체험하지도 못한 5차원 6차원 7차원 또 그 이상 여분의 차원도 있지 않을까? 깨달음에 이른 대부분 선조들 가르침은 죽음이란 무거운 육체의 옷 홀홀 벗고 진정한 자유에 이르는 기쁜 날이라 하지 않았던가.

여하튼 나는 나의 죽음이 이 세상 기억을 회복한 부활이든 아니면 셀 수 없는 무의식의 영원한 잠이든 상관이 없다. 오직 내 의식 속에서 창조주가 이 세상에 나오게 한 나의 삶을 충실하게 살아 내는 일 그뿐. 그리고 세상에 살면서 나의 비전이 아니라, 나를 향한 하나님의 비전이 부디 실현되기를 바라며 나는 매일 죽고 매일 부활한다.

삶 속에 죽음이 들어 있고 죽음 속에 삶이 숨 쉬고 있다. 간밤의 나는 죽었으며 오늘 아침 의식이 깨어남으로 부활했다. 죽음과 부활, 부활과 죽음이 예 있다. 모습이야 어찌 됐든 나는 지금 그분의 방식대로 영원한 생을 살고 있는 것이다.

욕망의 위험과 필요성

지금까지 나는 인간의 욕망을 긍정적이기보다 부정적 시각으로 바라보며 살아왔다. 세상 대부분 비극이 사람들의 잘못된 욕망에서 비롯되었고, 자라 오면서 대부분 종교와 학교교육 또한 욕망이라는 단어를 터부시했으니까. 그래서 언제부턴가 나는 아름다운 이야기도 정말 아름다웠을까를 의심하게 되었고, 그런 시각은 곧장 비판으로 이어져 나의 입은 사람들을 향한 불평과 불신으로 가득한 적이 많았다.

나 또한 욕망을 절제하지 못하면서 다른 이의 욕망을 향해 비난의 화살을 날리는 것이 어불성설이지만 그러면서도 욕망의 허무와 욕망의 필요 사이에서 갈등한 적이 한두 번 아니었다. 그런 나에게 프란체스코 교황을 배출한 예수회 설립자, 이냐시오 성인의 글을 읽을 때 뜻밖의 지혜를 만났다. 인간이 살아가면서 욕망의 필요성을 그토록 적절하고 담대하게 정리해 둔 글을 만나지 못했기에 놀랐다. 나름 정리해 옮기자면 다음과 같다.

활활 타고 있는 불덩이 같은 욕망이 어떤 면에서는 하나님이 우리에게 직접 말씀하시는 하나의 독특한 방식이다. 인간은 욕망에서 자신의 소명을 발견하기도 하며 욕망은 우리가 자신의 길을 찾도록 도와주기도 한다. 인간의 욕망은 창조주가 피조물을 다루는 하나의 수단이다. 욕망은 하나님이 사람들을 특정한 직무에 부르심으로써 세상에 이루어지기를 바라시는 하나님의 꿈을 실현하는 방법이기도 하다고.

나는 얼마 전 병치레로 인해 욕망이 거의 사라진 한 분을 만났다. 나는 대화 속에서 욕망이 인간의 삶에 정말 중요한 에너지임을 느꼈다. 욕망은 우리가 가야 할 길의 안내자이기도 하다. 욕망을 잃으면 이 세상과 하나님이 어떤 일에 우리를 부르신 것인지 잊어버리게 된다.

고백하자면 나 또한 욕망의 필요를 잘 모르면서, 그저 비우고 포기하고 아주 작아져 버렸더니 텅 빈 허무에 휩싸인 경험이 있다. 헛된 욕망의 그물은 분명 경계해야 하겠지만 욕망이란 반드시 금기시할 대상만은 아니다. 욕망은 자신의 소명을 발견하고 하나님의 꿈을 실현하는 하나님 부르시는 한 방법인 것이다.

하나님 하실 일

세상을 살아가다 보면 정작으로 필요하지만, 우리에게 없는 것이 많다. 우리가 필요한 그것을 주님께 구할 때는 무엇보다 정직하게 아뢰는 것이 중요하다. 우리는 우리의 구하는 것을 그분이 어떻게 하실지는 모르지만, 그렇다고 걱정할 필요는 없다.

가나의 혼인 잔치 때 일어난 물이 포도주가 된 기적을 살펴보면, 예수님의 어머니 마리아는 예수께 단순히 포도주가 떨어졌다는 사실만을 말했다. 포도주가 떨어졌으니 포도주 살 돈을 달라거나 아니면 연회에서 술이 부족해 화가 난 손님을 설득해 달라는 등, 마리아가 스스로 생각해 낸 구체적인 방법들을 예수께 제시하지 않았다.

마리아는 단순히 포도주가 떨어졌다는 사실만을 정직하게 알린 것이다. 사실 마리아는 예수가 물로 포도주를 만들 줄은 아마도 상상을 못했을 것이다. 그런 기적을 본 적도 없으니까. 다만 포도주가 떨어진 사실을 말하면 예수는 예수의 방법으로 해결할 것을 믿었을 뿐이다.

마리아가 주님께 사실을 말씀드린 후 했던 말은 딱 하나였다. "무슨 말씀을 하시든지 그대로 하라." 우리도 그렇게 해야 한다. 우리가 하나님이 어떻게 하실지 걱정할 필요는 없다. 다만 우리의 없는 것을 그분에

게 정직하게 아뢰고, 주님 주시는 평강(平康)을 누리는 것이다. 그다음
은 전능하신 하나님이 하실 일이다.

보편적 진리성

어느 세기를 막론하고 상식 보편적 사고와 언행이 허물어지는 사회는 위험하다. 그런 현상이 우리 사회에 축적되어 왔고 이제는 만연해 있다. 나는 최근 존경하는 故 김홍호 선생의 사상 전집을 다시 꺼내 읽고 있다. 이 세상을 잘 살다 간 그리스도인이자 참지식인이다. 시대가 아무리 바뀌고 세월이 흘러도 진리가 지닌 보편성과 절대적 권위를 잃지 않기 위해서는 우리가 놓쳐서는 안 될 교훈을 제1권 머리말에 김홍호 선생은 이렇게 적어 두었다.

> 경서는 언제나 보편적인 진리성과 절대적인 권위성을 지니고 있다. 그러나 변화하는 역사 속에서 그 진리성과 권위성이 계속되기 위해서는, 현실 사회를 이 진리로 살려 낼 수 있는 새로운 해석이 필요하다. 이러한 새로운 해석이 없으면 진리는 독단이 되고, 권위는 억압이 되어 생명은 질식되고, 사회는 생기를 상실케 된다. 진리는 새로운 해석을 통하여 계속 보편성을 유지해야 하고, 권위는 새로운 실천을 통하여 계속 절대성을 유지해 가야 한다.

또 100년을 살아 본 현존 102세의 그리스도인이자 철학자인 김형석 선생께서도 예수 그리스도의 보편적 진리성을 에둘러 이렇게 말하고 있다.

> 교리와 신학의 길을 택한 교회보다는 성경과 신앙의 길
> 을 지켜 온 사람들이 한국 기독교 토착화 운동의 선구자
> 가 되지 않았는가 싶다. 그것은 기독교 신학은 서구의
> 문화 및 철학과 연결되어 있지만, 기독교 신앙은 성경과
> 생활에 관한 것이며 그리스도의 교훈은 인간적 삶의 공
> 통성과 생활적 가치관으로서의 모든 인간과 인류에게
> 통하는 보편성을 띠고 있기 때문이다. 인격적인 것은 언
> 제나 세계적인 것이며, 기독교 신앙은 신학의 특수성을
> 넘어 인간적인 보편성을 간직하고 있는 까닭이다.

그리고 도미니코회 남아프리카 관구장이었던 앨버트 놀런 신부 또한
그의 저서 《그리스도교 이전의 예수》에서 예수 또한 보편적 진리에 절
대적 권위를 부여하고 있다고 주장한다. 사실 가만 들여다보면 우리
의 예상과는 달리 실제로 예수의 이해와 가르침은 의외로 직접적이며
매개가 없다. 성경의 예언자들처럼 자기 말의 정당한 권위를 내세우기
위해 특별한 소명이나 환시(幻視)에 호소하는 일이 없다. 예를 들어 예
수는 복음을 전할 때 "하나님께서 말씀하신다."라는 말머리를 쓰는 일
이 거의 없다.

그리고 어떤 종류이든 하늘로부터 오는 표징을 이루어 자기가 하나님

의 이름으로 말할 수 있음을 증명하기를 좋아하지 않았다. 곧, 자기가 어떤 권위를 가지고 있다고 할 수 있느냐는 물음에 마주치면 오히려 예수는 정작 대답을 거부한다. 인류 역사상 가장 극적인 순간에 빌라도가 던진 그 한마디 "진리가 무엇이냐"는 질문에 침묵했던 예수가 사람들에게 바란 것은 어떤 권위에도 의존 말고 자기가 행하고 말하는 바의 보편적 참됨을 보라는 것이었다.

또 앨버트 놀런은 예수의 참자유 근원이 공동선에 있으며, 공동선이란 온 인류 가족이나 전체 생명 공동체, 광활하게 펼쳐진 전체 우주를 위해 가장 좋은 것을 의미한다고도 말한다. 심지어 그는 예수가 공동선을 하나님의 뜻과 동일시하여 말했으며, 하나님은 우리 모두와 온 우주의 최선을 원하시는데, 예수와 하나님의 바라시는 것 사이에 충돌이란 없었다고 말하고 있다.

이를 보아서도 예수는 권위를 진리 삼지 않았다. 그는 진리를 권위 삼았다. 예수는 보편적 참됨으로 하나님의 권위를 소유했다고 말할 수 있다. 참된 종교인이라면 우리 사회 지도자들의 상식과 보편을 벗어난 언행을 바로 볼 줄 알아야 하고, 또 정견으로 날 선 사회의 비판과 해석을 통해 진리의 보편성과 절대적 권위가 계속되도록 해야 한다.

하나님의 영화롭게 하는 방법

하나님은 피조물을 향해 두 가지 방법으로 자신을 영화롭게 하신다. 하나는 피조물 지각에 자신을 드러냄으로써 영화롭게 하신다. 하나님은 자연 속에 그분의 모습을 살짝 덮어 두셨다. 다른 하나는 피조물의 마음에 자신을 전달하고 그분이 자신에 관해 드러낸 것들을 피조물이 기뻐하고 즐거워하며 누릴 때 영화롭게 되신다.

하나님이 하시는 모든 일에서 그분의 목적은 자신을 영화롭게 하는 것이다. 여기에는 그분에게서 나오는 광휘와 피조물로부터 나오는 반응이 모두 포함된다. 하나님의 영광은 바로 그분에게서 흘러나오며, 많은 방법으로 특히 그분의 백성이 그분을 보화로 여기고 즐거워할 때 다시 그분에게로 흘러 들어간다.

찬란한 빛이 피조물을 비추며, 피조물 속으로 뚫고 들어가며, 다시 빛의 근원으로 되돌아오듯 영광의 빛줄기는 하나님에게서 나오며 하나님을 드러내며 그 근원으로 되돌아간다. 그렇다고 하나님이 우리에게서 영광을 받으시면 그 영광을 품고 계시지 않는다. 그 영광을 위로로 바꾸어 우리에게 돌려주신다.

우리가 하나님께 영광을 돌리는 방법은 무엇인가? 그것은 하늘과 땅을 잇는 길을 잘 내고 닦는 일이다. 모든 것이 하나님의 것이며 하나님 안에 있고 하나님을 향해 있다. 하나님은 시작이요 중간이며 끝이다.

주님 뵐 때 듣고 싶은 말

어느 사이 가을이다. 나도 처음 와 본 50대 마지막 가을을 맞았다. 훗날 내가 하나님 아버지 나라에서 주님을 뵐 때 듣고 싶은 최고의 말이 있다. 그것은 "아들아! 네가 작은 능력을 가지고도 내 말을 지키며, 내 이름을 배반하지 아니하였도다."이다.

예나 오늘이나 주님을 좋아하는 사람은 많지만, 주님을 따르기 위해 기꺼이 대가를 치르는 사람은 소수다. 주님은 우리에게 세상에서 큰일 해내라고 다그치지 않으신다. 우리가 보기에 보잘것없고 시시한 일일 지라도 우리가 드리는 헌신의 가치를 하나님은 전혀 감소시키지 않으신다.

무엇도 부족하지 않은 그분께서는 일 자체보다 그 일에서 우리의 사랑과 믿음을 보고 싶어 하기 때문이다. 주님의 큰일은 말씀을 지키는 일이고, 주님에게 좋은 믿음은 주의 이름을 부인하지 않는 믿음이다. 그러므로 우리의 할 일은 주의 말씀을 지키고 주님 제자에 걸맞게 사는 것이다. 그리고 주님은 모든 사람을 사랑하시지만 그렇다고 모든 사람에게 말씀하지는 않으시므로 부디 들을 귀 있는 자가 되는 것이다.

하나님 진노의 방식

나는 창조주 하나님은 만물보다 먼저 계시고, 그 안에 우리와 만물이 함께 서 있음을 궁신지화(窮神知化) 믿고 따르는 그리스도인이다. 그분이 생명을 지으실 때 그분의 성품과 조화(調和)를 이루어야만 제대로 돌아가도록 하셨다. 그러므로 하나님의 이 설계 원리를 잊지 않을 때 사람은 실수를 줄이고 자유와 평화와 행복을 누릴 수 있다. 그런데 이 원리를 자주 잊게 만드는 훼방꾼이 있다. 바로 사람의 고집이다.

성경을 읽어 보면 이스라엘 자손들은 그분 성품과 조화를 이루는 방법과 원리를 따르지 않았다. 하지만 하나님은 그들을 해치지 않으셨다. 대신 그들 고집대로 놓아두셨다. 그들이 선택한 고집대로 그들은 그분과 단절된 삶을 살았고, 그분은 그들을 위한 중재를 중단하셨다. 한마디로 그들이 고집한 대로 그분의 보호 손길을 거둔 것이다.

그러자 머잖아 바벨론 군대가 쳐들어 와 바벨론 방식으로 예루살렘을 짓밟아 버렸다. 파멸의 강타를 날린 건 하나님이 아니라 바벨론 군대였다. 이렇듯 하나님은 우리를 놓아주어 우리 자신의 고집스럽고 반항적인 선택의 결과를 스스로 거두게 하신다. 성경은 이를 '하나님의 진노'라고 표현하고 있다.

사람이 하나님의 진리, 즉 그분의 속성과 뜻을 거부하면 그 결과로 사람의 생각이 허망해지고 우상을 숭배하고, 하나님 지으신 본연의 성(性)이 변질이 되고 관계와 도덕이 무너진다. 인간 실존의 악한 타락은 인간이 선택한 결과이긴 하지만 궁극적으로 하나님 형벌로 이해되어야 한다. 그 형벌은 우리가 자유의지로 자초한 것이다. "하늘은 스스로 돕는 자를 돕는다."라는 격언과도 상통한다.

유교의 경전 논어에도 공자께서는 네 가지를 절대로 하지 않으셨다. 사사로운 뜻을 갖는 일이 없으셨고, 기필코 해야 한다는 일이 없으셨으며, 무리하게 고집부리는 일도, 자신만을 내세우려는 일이 없으셨다.

실은 이 네 가지 모두가 사람의 고집과 관계되는 행동이다. 공자께서도 사람의 고집이 그 얼마나 위험한 줄 아시고 실천한 것이다. 고집을 버리면 괴로움이 사라진다. 또 고집을 버리면 분별이 사라지고 번뇌가 사라지고 정신이 맑아진다.

나는 요즘 일부러 교회 간판 달지 않고서, 서울 논현동의 건물 지하 70평 민간 스튜디오를 주일예배 장소로 삼는 베이직 교회를 인도하는 조정민 목사 저서 《사후대책(死後對策)》을 읽고 있는데 눈에 띄는 뜻깊은 글이 있다. 주님이 능력이 없어 그런 것 아니실 테지만 고집을 버리면 받게 되는 축복의 내용이다. 다음과 같다.

주님은 좁은 길 넓게 만들어 주시지 않습니다. 좁은 길을 곧게 하실 뿐입니다. 마찬가지로 주님은 우리 앞에 놓인 고난을 없애 주시지는 않습니다. 다만 우리가 두려움에 떨지 않고 평안을 누릴 수 있도록 해 주실 뿐입니다.

불교 명상, 기독교 묵상 차이

나는 미국 최고의 정신과의사이자 신경과의사이며 정신약리학자인 티머시 R 제닝스가 저술한 《뇌, 하나님 설계의 비밀》을 읽으며 매우 흥미로운 연구 결과를 접했다. 아직 과학의 미지 세계로 남아 있는 인간의 뇌 연구에 대해 나 또한 많은 관심이 있었던 터라 뇌 이해에 많은 도움이 되었다. 무엇보다 불교 명상과 기독교 묵상 차이가 잘 정리되어 있어 흥미로웠다. 그의 전문적 견해를 나름 정리하자면 다음과 같다.

사람의 뇌는 생체전기 기관이다. 이는 뇌 내에는 화학 신호만이 아니라 전기신호도 있다는 뜻이다. 사람은 뇌 내의 전기 활동에 따라 좌뇌 또는 우뇌가 뇌를 지배하게 되는데, 뇌 회로가 활성화되는 방식이 달라지면 거기에서 생겨나는 전기 신호의 유형도 달라진다.

뇌의 전기신호인 뇌파는 알파파, 베타파, 세타파, 델타파로 크게 네 종류로 나뉜다. 알파파는 뇌가 쉬거나 REM 수면 상태(Rapid eye movement sleep) 즉 꿈꾸는 상태일 때 발생하고, 베타파는 사람이 활동에 집중하거나 생각하거나 문제를 해결할 때 나온다. 세타파는 의식이 멍한 상태로 몽상이나 막연한 상태에 빠질 때, 델타파는 깊은 수면 즉 꿈을 꾸지 않는 상태에서 나온다.

동양의 명상법 즉 불교 명상은 주로 알파파와 세타파의 빈도를 증가시키는 반면 베타파를 억제한다. 그래서 시각화를 증진하게 하는 도파민이라는 뇌 화학물질의 분비량이 늘어나고, 우뇌가 지배적으로 활동하게 되어 사람의 의식 전체가 바뀌게 된다.

이렇게 되면 사람은 자아의식을 잃고 우주와의 합일을 느끼고, 심상(心像)이 강해지고 시간과 공간에 대한 의식이 저하되며, 증거에 기초해 진실을 분별하는 능력도 떨어지게 된다. 그러므로 불교 명상은 만성적으로 활성화되어 있는 두려움 회로를 우뇌 활성화를 통해 좌뇌를 불활성화시키거나 기능을 정지시켜 정서적 초월 경험을 하게 된다.

기독교에서도 불교 명상에 해당하는 묵상을 한다. 이때 성경의 진리를 이해하는 것은 좌뇌이고, 성령 하나님과의 연합과 일체감, 관계적 소통을 경험하는 것은 우뇌이다. 불교 명상과 다른 점은 기독교 묵상은 생각을 없을 무(無)에 집중하거나 머릿속을 비우거나 아니면 특정 화두를 반복해 되뇌는 게 아니라, 하나님의 실재와 그분의 속성인 사랑을 생각하고 되새긴다는 점이다.

흥미롭게도 최근 동양(불교) 명상을 하는 사람들을 대상으로 한 뇌 연구에서는 동양 명상이 뇌의 불균형을 초래해 현실 인식을 왜곡시킨다는 사실을 연구 결과가 뒷받침하고 있다. 즉, 뇌의 시상(視床, Thalamus)은 데이터를 처리하는 중심부로, 모든 정보(기분, 생각, 감각)는 뇌의 시상을 통과해 목적지 신경세포로 가며 현실과 비현실의 인식도 이곳 시상에서 이루어지는데, 동양 명상(불교 명상)을 10년 이상 한 체험자들은 뇌의 시상 활동이 균형을 잃은 것으로 나타났다.

그래서 신과의 합일이나 열반을 마치 현실처럼 느낀다. 어떤 개념이든 충분히 오랫동안 명상하면 뇌는 거기에 맞춰 반응함으로 비현실이 현실과 비슷해지고, 신념은 신경학적으로 현실이 되는 것으로 연구되었다. 나는 이러한 제닝스 박사의 견해에 동의한다.

또 제닝스 박사는 이러한 동양(불교) 명상법에는 위험이 도사리고 있다고 주장한다. 그것은 동양(불교) 명상법이 뇌과학 측면에서 보면 좌뇌를 억제하고 우뇌를 활성화하는 방식인데, 이는 자아가 자아의 의도적 행동으로 두려움을 피하는 과정이라서 그럴수록 비현실의 이기적 자아는 더욱 공고해질 수 있다는 것이다. 이러한 그의 견해에 대해 불자라면 듣기 싫어하겠지만, 정신의학과 뇌과학 측면에서 수긍하지 않을 수 없다.

나아가 그는 인간 예수가 고통과 죽음을 극복한 방법이 인간 석가 붓다와 극명하게 대조를 이루고 있음을 그렇게 설명하고 있다. 석가 붓다가 동양 명상을 통한 우뇌를 활성화해 죽음의 두려움을 벗었다고 한다면, 예수는 자기희생의 사랑으로 죽음을 이겼다는 것이다. 뇌과학 측면에서 매우 적절한 비교가 아닐 수 없다.

왜냐하면 만일 예수가 죽음이 자신을 삼키지 못하도록 초능력을 발휘해 죽음의 접근을 막았다면 오늘날 인류는 죽음의 두려움에서 자유롭게 되지 못했을 것이다. 죽기까지 놓지 않았던 예수의 사랑을 본받으면 죽음의 두려움을 이기고 하나님과 하나 되는 연합의 상태에 들어갈 수 있다는 말이 바로 이를 두고 하는 말이다.

원불교 대종사, 소태산 박중빈의 죽음

원불교 창시자, 대종사 소태산 박중빈은 1943년 6월 1일 오후 2시 반, 입원해 있던 병실 안락의자에서 탁자로 몸을 스르르 기대며 쓰러져 열반했다. 세수 53세, 법랍 28년, 정확히는 52년 1개월, 대각 후 27년 1개월 만이다. 소태산 박중빈은 평범한 모습으로 죽었다.

그는 아파서 끙끙 앓는 소리를 냈고 숨이 가빠 헐떡거렸으며, 뻔질나게 설사도 했고 캑캑거리며 가래도 뱉었다. 범부(凡夫)들이 죽을 때 하듯이 다 했다. 그는 여래(如來)라 하여 죽음 앞에 특혜를 누리거나 예외 되기를 원치 않았다. 또 마법 같은 이적도 원치 않았다. 진정한 도인은 범부(凡夫) 구별이 없음을 몸소 실천으로 보였다. 나는 그의 위대함이 바로 여기에 있다고 본다.

소태산은 말하기를 "혹 나한테 신기한 것 찾으려 마라." 또 불교에서 고승의 장례인 다비(茶毘)를 행한 후 나온 사리로, 생전 수행과 법력의 척도 삼는 풍습을 두고는 "사리 하나 못 감추는 이가 무슨 대단한 도인이더냐." 산천을 울리던 그의 일갈(一喝)은 그의 진면목(眞面目)이다. 그의 육체는 금강리 수도산 화장장 화구에서 범부(凡夫)들과 순서를 기다려 태워져, 익산군(益山郡) 북일면 장자산 공동묘지에 안장되었다. 장례 후에는 일경에 의해 접근마저 제한됐다.

그의 대각 '은혜'와, 꿈에서 만난 불교 경전 '금강경'을 구해 읽고는 '불법연구회'를 조직해, 갖은 역경을 지혜롭게 극복하고 기성 불교나 기독교의 교단 분열과는 달리, 종단의 분열 없이 그의 사후 오늘날 100년 원불교가 되게 하였다.

그의 삶은 조선 후기에 시작해 일제 강점 해방 직전까지로 이어지는데 당시 불교와 기독교, 민족종교와 토속신앙에 이르기까지 지대한 탐구 정신으로 자신의 삶을 감추지도 포장하지 않은 그대로 정직하게 진리 탐구에 나섰던 인물이다.

특히 그가 대각을 이룬 '은혜'에 대한 정의와 구체적 설명이 부족한 것은 매우 아쉽게 느껴지나, 불교 최고의 경전 금강경을 바탕으로 당대 기성 불교를 불상 중심에서 출가와 재가 구분 없이 실천할 수 있는 일원상 생활 불교로 새롭게 정립했다는 점에 그의 기여가 매우 크다.

그의 말처럼 사람의 목숨 잠시 숨 쉬는 사이에 있다. 들숨과 날숨 사이에 있다. 그의 평전을 읽으며 도인이나 범부의 죽는 모습이 대동소이함을 마음에 깊이 새긴다. 우리 인간의 마구잡이식 자연 훼손으로 발생한 자연의 역습이라고 해야 할 '코로나19 전염병 바이러스'가 창궐하는 이 여름, 원불교 창시자 대종사 소태산 박중빈을 만난 기쁨이 그리스도인으로서 적지 않다.

원불교 소태산 박중빈의 대각

원불교 창시자인 대종사 소태산(小太山) 박중빈(朴重彬)은 신앙의 본질을 절대자에게 맹목으로 순종커나 소망을 기구(祈求)하는 것으로 바라보지를 않았다. 그의 깨달음을 편의상 불교와 기독교에 비교하면 이해가 쉽다.

먼저 불교는 인생을 고(苦) 곧 고통이라고 보는 데서 출발한다. 이 고는 불가피한 생로병사의 고에다 중생의 욕심에서 생기는 고로 일체개고(一切皆苦)라 보며, 석가모니가 가르친 팔정도를 실천해야 이 모든 고통으로부터 벗어나 해탈에 이를 수 있다고 말한다.

한편 기독교는 우주 만물의 창조주 하나님은 인간과 교통하는 인격(人格)의 신으로, 인간은 나면서부터 죄인이라는 원죄(原罪)에서 출발한다. 이에 하나님의 아들 예수는 회개하라 외쳤고, 예수의 죽음은 인류를 대신한 속죄이며 그러므로 예수를 믿음으로써만 죄 사함을 받아 구원에 이른다고 말한다.

이에 비교해 소태산 박중빈의 신앙은 은(恩) 곧 은혜에서 비롯하여 출발한다. 그는 갖은 고난과 경험을 통해 만물이 온갖 은혜 속에 이뤄졌고 살아가고 있음을 깨달았다고 고백한다. 물론 불교나 기독교에서도 은혜를 말하지만, 그 대상이 한편으론 제한적이고 차별이 있는 반면에 박중빈이 말하는 은혜는 전제하는 조건도 제한도 없는 그야말로 총체적 은혜요, 절대적이고 보편적인 것이다.

그런데 소태산 박중빈이 가리키는 것은 단지 이 은혜를 알아 숭배하고 공경하는 데 그치지 않는다. 실천적 보은행(報恩行)이 뒤따라야 행복을 얻을 수 있고, 이기심을 극복해야 고루 잘 사는 평등 세계를 실현할 수 있다고 주장한다. 내가 보기엔 박중빈(朴重彬)은 인류사에 그동안 없었던 새로운 깨달음을 얻었다기보다 당시 기성 불교 혁신과 대안을 제시한 측면이 커 보인다.

그것은 소태산이 주장하는 요지가 외방의 불교를 조선의 불교로, 소수인의 불교를 대중의 불교로, 분열된 교과목을 통일하기로, 불상 숭배를 불성 일원상(一圓相)으로인 것을 보아서 그렇다. 또 소태산이 원불교를 정립하기 이전 내변산에서 활동이 '불법연구회'를 조직해 시작한 점이다.

박중빈이 쓴《조선불교혁신론》도 석가모니 존숭과 불교 지지라는 긍정적 입장인 점을 고려하면, 당대의 조선 불교에 대한 거부감이라는 모순의 틈바구니에서 소태산 박중빈이 선택한 타협의 산물이라는 점 때문이기도 하다.

이외 원불교 수행법이 불교의 삼학(三學)인 계율·선정·지혜에 연원(連原)한 정신 수양(선정), 사리 연구(지혜), 작업 취사(계율)이기 때문인데, 불교와 다른 점이라면 불교는 계율과 선정의 목적이 지혜이지만, 원불교는 선정과 지혜의 최종 목적지가 계율이라는 것이 다를 뿐이다.

원불교의 정신 수양 모델은 선교(禪敎)이고, 작업 취사 모델은 유교(儒敎)이며, 사리 연구 모델은 불교(佛敎)인 점 또한 원불교가 출가나 재가 구분 없이 우리가 일상에서 행할 수 있는 유·불·선과 토착 신앙을 합작한 어느 정도 토착 종교라고 말할 수 있다.

이혜화 박사 저《소태산 평전》을 오늘까지 제가 280여 페이지를 읽으면서 든 그리스도인으로서 나의 한 생각은 소태산 박중빈 대종사가 대각을 이루게 된 그 만남 곧 '총체적이고 절대적이며 보편적 은혜'가 무엇인지 무척 궁금했는데 책에서는 구체적으로 무엇을 말하는지에 대한 설명이 아직 없다.

그리고는 슬그머니 기성의 불교를, 유교 불교 선교 나아가 동학, 증산교, 천도교 등 민족 토착 신앙을 더해, 기성 불교의 개혁과 새로운 불교 토착화(土着化) 종교를 이뤄 가는 과정에서 소태산 박중빈의 신비적이고 예언적 언행과 헌신의 공로 내용으로 소태산 평전이 전개되고 있는 것은 못내 아쉽게 느껴진다.

원불교 창시자인 박중빈(朴重彬)이 깨달음을 얻고 읊은 오도송(悟道頌)은 "만유(萬有)가 한 체성(體性)이며, 만법(萬法)이 한 근원(根源)이로다. 이 가운데 생멸(生滅) 없는 도(道)와 인과보응(因果報應) 되는 이치(理致)가 서로 바탕하여 한 두렷한 기틀을 지었도다"인데 곧 '일원상(一圓相) 지었도다'이다.

그리고 그가 1943년 53세 나이에 열반하기 2년 전인 1941년 제자들에게 미리 전한 열반 게송(偈頌)은 "유(有)는 무(無)로 무는 유로, 돌고 돌아 지극하면 유와 무가 구공(俱空)이나, 구공 역시 구족(具足)이라"인데, 이는 유와 무가 공(空) 하나, 또한 빠짐없이 갖추어 있다는 뜻이다. 그의 오도송과 일맥상통한다.

노자의 도와 성경의 도

중국 춘추시대 철학자 노자의 《도덕경》 상편(上篇) 제34장은 이렇게 쓰여 있다.

"커다란 도(道)는 콸콸 넘쳐 좌우로 어디든지 갈 수 있다. 도(道)는 만물이 도에 의지해 생겨나도 말하지 않고, 공이 이루어져도 소유하겠다고 이름을 내세우지 않으며, 만물을 입혀 주고 길러 주지만 주인 노릇하지 않고, 늘 아무것도 하고자 하는 것이 없으니 하찮은 것이라고 이름 붙여야 한다. 또 만물이 도(道)로 귀의해도 주인 노릇 하지 않으니 위대한 것이라고 이름 붙여야 한다. 도(道)는 끝내 스스로 큰일을 하지 않기 때문에 큰일을 이룰 수 있다."

이에 대해 A.D.226년에 태어나 249년 정시(正始) 10년, 꽃다운 나이 24살에 요절한 천재 왕필은 다음과 같은 주(注, 주석)를 달았다.

"도(道)가 범람하며 가지 않는 곳이 없어 좌우로 위아래로 어디든지 갈 수 있고, 두루 돌며 사용되어 이르지 않는 곳이 없다. 만물은 모두 도(道)로 말미암아서 생겨나지만, 생겨난 다음에는 자신이 무엇으로 말미암았는지 모른다. 그러므로 천하가 늘 아무것도 하고자 하는 것이 없을 때 만물이 제각기 제자리에 있게 되니, 마치 도(道)가 사물에 베푼 것이 없는 듯하다. 그러므로 하찮은 것이라고 이름 붙인다."

또 "도(道)는 만물이 모두 도에 귀의해서 생겨나는 데도 힘써 만물 자신이 어디에서 말미암았는지 알지 못하게 하니 이렇게 한 것은 하찮게 여길 수 없다. 그러므로 다시 위대한 것이라고 이름 붙여야 한다. 사소한 것에서 큰일을 행하고, 쉬운 것에서 어려운 일을 계획한다."

이러한 왕필의 주석 대해, 경북 상주 출생으로 〈왕필의 노자 주에서 유·무에 대한 고찰〉 논문을 쓴 김학목 박사는 이렇게 해설하였다.

"세상이 어지럽게 되는 것은 모두 상대적인 유를 가지고 절대적인 것인 줄 알고 다듬어서 더욱 체계화시키기 때문이다." 또 "모든 혼란이 여기서부터 발생하니 아예 처음부터 마음을 비움으로써 대상화시키는 것이 없도록 해야 한다. 마음 비움은 사실 아무것도 하는 것이 없으니 아주 하찮은 것이다. 그렇지만 혼란을 사라지게 하고 사물이 자신의 본성에 따라 살아가도록 하니, 이보다 위대한 것은 없다."

유희재, 신창호 선생이 번역한 쉬캉성 저, 《노자 평전》을 읽어 보면 노자는 도(道)를 절대적 무(無)로 해석하기도 했고, 때로는 리(理) 즉 길, 사람이 순행하는 도리로 해석했으며, 원시적 혼돈 상태에 있는 미분화된 물질로 간주하기도 했다.

또 리(理) 에 대한 퇴계 이황은 무릇, "리(理)는 일상생활 곳곳에 가득차 있는데, 평소의 언어와 동작에 있고, 사람이 언제나 지켜 고행해야할 도덕적인 응접을 실행하는 사이에 있으니, 평범하고 실제적이며 명백한 것이다."라고 했다.

성경에도 노자가 말한 한자어 도(道)가 나오고, 퇴계 이황이 말하는 리(理)가 언급되는데 성경이 말하는 진리(眞理)를 뜻한다고 보아도 틀리지 않을 것이다. 성경 골로새서 1장은 하나님의 말씀이 이렇게 적혀 있다. "그가 만물보다 먼저 계시고 만물이 그 안에 함께 섰느니라." 이 말씀은 하나님이 생명을 지으실 때 그분 자신의 성품과 조화를 이루어야만 제대로 돌아가도록 설계하셨다는 뜻이다.

또 만물이 그분으로부터 나서 함께 섰기 때문이고, 하나님은 자신의 우주를 일정한 원리와 기본 법칙에 따라 운행하시는데 삶은 그런 상수(常數)에 따라 돌아가도록 설계되어 있고, 그 궁극의 법은 사랑이라 하나님의 마음에서 나오는 사랑이 삶의 기본 부호다. 하지만 자유가 없는 대기 속에는 사랑이 존재할 수 없다는 것이다.

나는 우주 만물에는 노자가 말한 도(道), 퇴계가 말한 리(理), 성경이 말하는 진리(眞理)의 모습이 담겨 있고 흐르지 않는 곳 없다고 생각한다. 그리고 우리 인간이 개개의 사물을 제대로 알면 알수록 노자의 도, 퇴계의 리 그리고 성경이 말하는 진리를 발견할 수 있다고 생각한다.

노자의 도와 성경의 진리는 아련히 먼 곳에 있는 것이 아니라 가장 작은 현상 속에도 있다.

요한이 전한 복음

언제부턴가 나는 신약성경 4복음서 중에도 요한복음을 좋아하게 되었다. 마가, 마태, 누가복음서에 드러나지 않은 하나님 뜻을 사뭇 다른면, 곧 영성의 측면에서 곱씹어 볼 수 있기 때문이다. 목말라하던 차지난해 겨울, 故 옥한흠 목사가 해설한 책《요한이 전한 복음》을 만났다. 2000년 12월 초판이 나왔으니 벌써 21년이 지나간 책이요, 그가 하늘로 돌아간 8년 후에 나온 개정판이다.

이 세상 잘 살다가 하늘로 돌아간 옥한흠 목사가, 지루하지 않고 재미있게 이해하기 쉽도록 쓴 책인데 마치 지금도 힘찬 그의 음성을 듣는 듯하다. 나도 언젠가 하늘에 돌아가기 전 예수가 전한 진리의 복음을 책으로 엮고 가고 싶다. 책에는 그동안 희미해진 나의 속죄(Limited atonement) 신앙, 하나님의 심판 신앙, 하나님의 부활 신앙을 돌아보고 다시금 가다듬는 시간이 되었다.

성경 요한복음서는 예수가 십자가의 죽음을 일주일 남짓 앞두고 제자들과 나눈 은혜로운 말씀을 담고 있다. 십자가 죽음이 다가올수록 예수님 마음은 더욱 무거웠을 텐데 오히려 많은 말씀을 제자들에게 하셨다. 이는 세상에 있는 자기 사람을 사랑하시되 끝까지 사랑하시는 예수 사랑의 실천이요 모습이다.

또 십자가 사건 이후 풀 죽어 고향으로 내려와 디베랴 바다에서 밤새 고기를 잡던 의심 많은 제자들을 새벽녘 찾아오셨다. 그때 예수는 이미 죽음을 이기고 승리한 영광의 하나님이셨지만, 실패와 좌절로 기가 죽어 있는 제자들을 위해 몸을 녹일 불을 직접 피우고, 고기를 구워 아침 식사를 준비하는 예수님의 모습은 인간적이다.

요한복음서를 읽으면 예수를 만난 사람들 이야기가 심금을 울린다. 무화과나무 아래의 나다나엘, 밤에 몰래 찾아와 가르침을 구했던 공회 의원 니고데모, 수가성의 여인, 베데스다 연못의 병자, 그리고 음행하다 잡힌 여인 등. 그들은 오늘을 살아가는 우리네 모습 그대로다.

그 예수가 지금도 우리 곁에 살아 역사하신다는 사실을 여러분은 믿으시는가. 나는 그 아무리 궁구하고 생각해 보아도 예수가 지금 우리 곁에 없다면 그 얼마나 이 우주며 인간사 허무할까를 겁내 꼭 영원히 살아 계셔야 하고, 그분의 위로와 평화가 우리 곁에 가까이 있지 않으면 안 된다는 신앙이요 주의다. 그래서 그나마 숨 쉬며 살아가고 있다.

성경 요한복음에는 우리가 그토록 갈망하는 영생 곧 영원한 생명에 대한 예수의 말이 그렇게 적혀 있다. "영생은 곧 유일하신 참 하나님과 그가 보내신 자 예수 그리스도를 아는 것이다." 이 예수의 말을 만나고 이해하여 받아들이면 우리는 영생을 얻었고, 이미 우리는 영원한 삶의 여정에 들어선 자들이라는 말씀이다.

귀와 눈을 만들어 우리를 세상에 내신 창조주이신 하나님께서 우리 인간과 소통하는 방법으로 인격의 하나님이 못 되실 리는 만무하다. 그리고 무소부재하며 없이 계시는 하나님께서 언제 어디서든지 우리와 함께 있지 못하실 리가 없다. 그리고 우리 기도에 응답 못 하실 리도 없다. 하나님은 살아 계시고 바로 여러분 곁에서 기다리고 계신다. 그분을 만나기 위한 필요충분조건은 하나님을 알고자 하는 조그만 마음이다.

정치의 계절을 앞두고 공정과 정의가 무엇인지 모른 채 자기를 잃어버리고 싸움에 휩쓸리는 사람이 많다. 성경 출애굽기 23장은 서기 2021년 후의 인류에게 그렇게 교훈하고 있다. "너는 거짓된 풍설(風說)을 퍼뜨리지 말며, 악인과 연합하여 위증하는 증인이 되지 말며, 다수를 따라 악을 행하지 말며, 송사에 다수를 따라 부당한 증언도 말며, 가난한 자의 송사라고 하여 편벽되이 두둔하지 말지니라." 그리스도인일수록 종교인일수록 귀담아 들어야 할 말씀이다. 정의와 공정을 제대로 알고 실천할 의무가 종교인일수록 무겁다.

3부 대상에 갇힌 삶

기독교 신학의 일부 상징들과 형식들은 매우 낡았다. 예수의 비유들이 청중에게 주었던 느낌을 장자에게서 발견할 수 있다. 비유의 가르침은 우리의 허를 찌를 때 효과가 있다.

400년을 사이에 두고 전혀 다른 두 문화 출신의 장자와 예수가 결국 비슷한 방식으로 진리를 가르치게 되었다는 것은 이 세상의 다양성 뒤에 감춰진 온전성이 있다는 증거다.

당신의 기독교

당신의 기독교는 어떤 기독교인가? 일생이 하루처럼 매일 신선함이 유지되는 감사와 설렘의 기독교인가 아니면 진부하고 지루한 종교적 기독교인가? 누군가 내게 묻는다면 나는 후자라고밖에 말 못 할 것이다. 언제부턴가 나도 눈물과 감사와 설렘의 신앙을 잃어버렸다.

또 당신의 기독교는 카이로스 즉, 하나님의 시공간 안에 있는가? 아니면 크로노스 곧 세상의 시공간 안에 있는가? 묻는다면, 나는 카이로스와 크로노스 사이에 있다고 말할 수밖에 없다. 그동안 나의 믿음이 매일의 일상을 하나님의 시공간으로 축적해 골리앗의 시간을 기다리기보다는 뜬금없고 조급한 골리앗 때려잡기에 있었으니까.

그리스도인으로 산다는 것은 기적의 연속을 의미하는 건 아니다. 예수 또한 기적 베푸는 일을 좋아하지 않았다. 그리스도인의 삶은 매일의 평범한 일상을 카이로스 안에서 다윗이 수십 년 양을 쳤듯이, 하루하루가 마치 처음인 것처럼 사는 것이다. 어느 때는 징글징글 안 풀리는 생인 듯해도 말이다.

역사의 지평을 바라보는 먼 시선을 지닌 자는 무엇을 행하든 그 일이 이루어지는 때를 스스로 결정하지 않는다. 당신의 소중한 일상을 흘러가 버리는 크로노스 속에 두지 말고 카이로스 안에 두라. 카이로스의 시공간이 축적되면 언젠가 골리앗을 잡는 시간이 올 것이기 때문이다.

영의 세계인 하늘의 문 곧 하나님의 시공간을 여는 카이로스의 시간은 어느 날 갑자기 돌발적으로 일어나는 것이 아니다. 매일매일 일상의 삶 속에 축적된 우리네 평범한 다윗의 시간, 곧 하나님 앞에서 보낸 축적된 경건의 시간 위에 임한다. 아무리 미사여구로 떠들고 유혹한다 하더라도 카이로스 시간을 여는 열쇠는 하나님을 향한 순전한 믿음, 거룩, 기도, 순종이다.

심층적 기별

나는 요즘 비교종교학자인 캐나다 오강남 교수가 정리한 저서《세계
종교 둘러보기》의 심층을 훑으며 지내고 있다. 그동안 어렴풋했던 생
각과 의문을 확인하는 기쁨이 크다. 그리스도인으로 진리를 향한 각오
에도 큰 힘이 되었다.

그가 책에서 언급한 나그함마디문서 도마복음은 그동안 정통 기독교
계에서는 금기시했던 문서이건만 최근 세계적 신학자들로부터 큰 조
명과 해석이 달리고 있다. 바람직한 신학 연구의 방향이 아닐 수 없다.

도마복음은 이집트 나일강 중류의 나그함마디, 그러니까 엘카스르 게
벨알타리프 절벽 아래에서 1578년 동안 역청으로 밀봉된 작은 항아리
속에 묻혀 있다가 발견되었다. 자연 비료의 일종인 사바크를 캐러 올
라온 일곱 명의 동네 아이들에 의해 발견되었다.

인류 문명의 한 거대한 보고(寶庫) 13개 코우덱스 속에 들어 있던, 오
늘날 성경 66권에 포함되지 않은 외경 복음서이다. 신앙인이라면 굳이
터부시할 것은 없다. 조심조심 읽으면 유익하다. 항아리에서 발견된
도마복음 제13장에는 이런 글이 있다.

어느 날 예수께서 그를 따르는 제자들에게 나를 무엇엔가 비교해 보라고 말하자, 시몬 베드로가 "당신은 의로운 천사와 같다." 마태는 "당신이 현명한 철학자 같다." 도마는 "제 입은 당신이 무엇과 같은지 전혀 언표 즉 말로 표현할 수 없다."라고 대답한다. 그러자 예수께서 도마에게 "나는 그대의 스승도 아니로다. 그대는 내가 보살펴 온, 부글부글 솟아오르는 광천 샘으로부터 직접 많이 마셨기에 취하였도다." 그리고는 도마만을 데리고 은밀한 곳으로 가, 세 마디 말씀을 전한다.

도마가 제자들이 있는 곳으로 돌아왔을 때 그들이 도마에게 묻는다. "예수께서 너에게 무엇을 말씀하셨느뇨?" 그러자 도마가 그들에게 이렇게 대답한다. "내가 예수께서 나에게 하신 말씀 중 하나만 너희에게 이야기해도, 너희는 돌을 주워 나를 쳐 죽이려고 할 것이다. 그리하면 너희 손에 있는 그 돌로부터 불길이 솟아 너희를 삼켜 버릴 것이다."

이 이야기를 읽으면 인도에서 건너온 달마대사가 소림사에 머물며 9년간 면벽참선을 끝낸 뒤 일이 생각난다. 그가 제자들을 불러 놓고 그동안 깨달은 바를 말해 보라고 했던 일화다.

한 제자가 나와서 뭐라고 하자, 달마는 "너는 내 살갗을 얻었구나." 한다. 다음 제자가 나와 또 뭐라고 하자, "너는 내 살을 얻었구나." 하고, 또 다른 제자가 나와 뭐라고 하자, "너는 내 뼈를 얻었구나."라고 했다. 드디어 수제자인 혜가가 경건하게 절을 올린 뒤 가만히 서 있을 뿐 아무 말도 하지 않자, 달마는 그를 보고 "너는 나의 골수를 얻었구나." 말한다.

깨달음에도 정도의 차이가 있고, 구경(究竟)의 깨달음에 이르면 이를 말로 표현할 수 없음을 보여 주는 예화다. 예수가 도마에게 "나는 자네의 스승이 아닐세." 한 것도 의미심장하다. 여기 도마복음에서도 도마가 깨친 진리는 말로 할 수 없다는 것을 침묵을 통해 말하는 것이 아닐까? 예수를 예수라 말하면 그것은 예수가 아니기 때문이기에.

중국 고전에도 공자의 이야기가 다음과 같이 실려 있다. 공자의 제자들이 공자를 찾아와 이런저런 말로 자신의 수행이 깊어지고 있다고 보고를 했다. 공자는 관심이 없다가 제자 안회가 자기는 좌망(坐忘), 즉 앉아 모든 것을 잊었다고 말하자, 공자는 깜짝 놀라 "그게 무슨 말이냐." 하고 묻는다. 안회가 모든 앎을 몰아내고 잊어버리는 것이라고 대답하자, 공자는 제자 안회에게 "청컨대 나도 그대 뒤를 따르게 하라." 라고 부탁한다.

예수가 도마에게 "나는 자네의 선생이 아닐세." 한 말도 이런 맥락으로 이해될 수 있지 않을까. 이런 깊은 경지에 이른 도마였다면 예수는 더는 선생일 필요가 없었을 것이다. 깨달음에 있어 이제 둘은 동격임을, 그의 이름 그대로 '쌍둥이'임을 선언한 셈이니까. 결국, 도마가 이런 경지에 이르렀기에 예수는 그를 데리고 나가 비밀(秘密)한 말씀을 전한 것이 아닐지.

예수가 도마를 따로 불러 일러 주었다는 그 비밀이라는 것은 이후 구체적 언급이 없지만, 다른 제자들처럼 아직 완전한 깨달음에 이르지 못한 사람이 들으면 기절초풍할 무엇, 심지어 그것을 전하는 사람을 돌로 쳐 죽일 수 있을 정도로 공분을 일으키는 엄청나고 혼란스러운 무엇이었을 것이다. 진리란 상식의 세계를 뛰어넘는 역설의 논리일 수밖에 없기 때문이다.

노자의 《도덕경》에도 "도(道)가 웃음거리가 되지 않으면 도라고 할 수 없다."라고 기록되어 있다. 진리를 듣고 돌로 쳐 죽이려는 것과 크게 웃는 것에는 차이가 있겠으나, 진리가 보통 사람이 이해하기에는 도무지 말이 안 되는 무엇이라는 것을 말해 준다는 점에서는 같지 않겠는가. 그것도 예수를 따르는 제자들이 돌을 들 정도로 가히 혁명적이라고 할 심층적 기별이었다면 말이다.

성경이 말하는 하늘

인간은 언어를 통해 생각하고 이해하고 기록하고 또 공간을 통해 구별하고, 그런 생각의 이해와 구별을 뇌 기억의 방에 저장한다. 우리가 흔히 '하나님은 하늘에 계시고, 인간은 땅에 있다.'라고 표현할 때도, 이말은 하나님이 계신 하늘이라는 공간에 대한 정보를 주려는 것이 아니다. 성경이 말하는 하늘은 우리 머리 위 저 멀리 창공을 말하는 것이 아니라, 시간과 공간의 차원을 넘어선 세계를 의미한다.

땅은 사람들이 금을 그어 나누고 내 거니 네 거니 하고 싸우지만, 하늘은 누구도 독점할 수 없다. 세월이 아무리 흘러가도 하늘은 여전히 하늘이며, 우리가 사는 장소가 어디든 하늘은 언제나 그곳에 있다. 한마디로 하늘은 어디에나 있고 하늘과 무관하게 존재하는 것은 세상에 하나도 없다고 보아야 한다. 그러므로 하늘과 땅은 서로 필요하며 공존하면서도 땅은 하늘에 속해 있다고 보아야 한다.

우리는 이해하거나 파악할 수 없는 세계에 돌입한 이들을 가리켜 "하늘에 올라갔다." "하늘로 돌아갔다." "하늘에 들었다."라고 말한다. 이 세상에 살다 삶을 마친 사람을 가리켜 "돌아가셨다." 말할 때도 사람들이 하늘의 의미를 정확히 알든 모르든 이 역시 "하늘로 돌아갔다"는 표현이다.

성경에도 하늘에 올라간 사람들이 기록되어 있다. 에녹은 삼백 년 동안 하나님과 동행하다 사라졌고, 엘리야는 회오리바람에 실려 하늘로 올라갔다고 기록하고 있다. 이 이야기들은 나를 포함해 그동안 대부분 기독교인이라면 고개를 갸우뚱하면서도 신비한 공간 어디로의 이동으로 이해해 왔다. 왜냐면 교회와 성직자들도 그렇게 이해하고 가르쳐 왔기 때문이며 나 또한 그런 기독교 교육에 길들여진 경험에 비춰서다.

그런데 에녹의 사라짐과 엘리야가 회오리바람에 실려 하늘로 올라갔다는 성경의 기록이, 그들이 공간 이동을 통해 다른 장소로 이동해 갔다는 말이라기보다 "하늘로 돌아갔다", "하늘에 들었다"는 표현이며, 하나님의 크신 생명의 강에 합류했다는 언어요 의미라고 최근에 설교를 한 서울 청파감리교회 김기석 목사의 정직한 설교에 나는 매우 놀랐다.

그는 말하기를 성경의 이 표현은 사람들이 이런 차원의 변화를 달리 표현할 길이 없기에 그렇게 언어로 기록하였다고 설명하였는데, 나로서는 오랫동안 기다렸던 깨어 있는 한 성직자의 고백과 설교가 아닌가 싶다.

성경에는 돌베개를 베고 잠들었던 야곱이 꿈에 하나님의 사자들이 하늘에 닿는 계단 위를 오르락내리락하는 것을 보았다고 적고 있고, 모세는 하나님을 뵙기 위해 시내산에 올랐으며, 제자들은 변화산에 올라

비로소 예수님의 신적(神的)인 모습에 눈을 떴는데, 이 기록 또한 '하늘' '올라감'이라는 언어적 의미를 내포하고 있다.

그런데 '하늘'은 '올라감'의 의미만 담고 있는 것은 아니다. 성육신 사건은 '내려옴'의 의미도 담고 있다. 신구약성경은 또 '내려옴'을 예수가 자기를 비우고 낮추고 죽기까지 순종한 그리스도의 겸비한 모습으로 기록하고 있다. 가장 높으신 하나님의 아들이 가장 낮은 자리에 내려오심이야말로 '하늘'이고 '하늘이 지상에 내려옴'이다. 내려오신 분은 또 올라가신 분이다. 어디에도 하늘은 있고 땅에도 하늘이 있는 것이다.

그러므로 예수가 하늘에 오르셨다는 말은 이 꼴 저 꼴 안 봐도 좋은 저 절대(絕對) 공간 세계에 들어가셨다는 말이 아니다. 주님은 하늘에 오르심으로 더는 시간과 공간의 제약을 받지 않게 되었다는 의미이다. 우리는 시간과 공간 속에 있는 모든 것들이 영고성쇠(榮枯盛衰)에 속박되어 있다는 사실을 잘 알고 있다. 석가 붓다 또한 존재하는 모든 것은 허물어지기 마련이라고 했듯이 반복되는 것이다. 그 속에 우리가 현존하는 것이다.

따라서 예수가 하늘에 오르셨다는 것은 주님이 더는 그런 변화에 종속되지 않고, 시공간의 제약 없이 영원한 생명을 누리며 우리 곁에 있다는 것을 의미한다. "보아라. 내가 세상 끝날까지 항상 너희와 함께 있을 것이다." 주님의 약속은 비로소 주님이 하늘에 오르셨기에 가능한

것이다. 우리가 주님의 승천을 기뻐하는 것도 바로 이 때문이라 해야
한다.

하늘은 어디에나 있다. 하늘과 무관하게 존재하는 것은 이 세상에는
없다. 시간과 공간이 공존하는 이 우주공간 어디에도 단연코 없다. 최
근 영성(靈性)의 신학에 의하면 우리 인간은 영적인 존재인데 육체를
경험하는 삶을 이 세상에서 함께 살고 있다고 말한다. 성경이 말한 하
늘에 비추어 틀린 말이 아니다.

대나무꽃처럼

5월 중순인데 날씨는 벌써 후덥지근하다. 미세먼지와 습기까지 더해 나도 모르게 짜증이 삐져나온다. 그럴 때 내가 나를 향해 그렇게 질문을 던지곤 한다. "왜 짜증이신데, 짜증 내어서 무엇 하시려고, 짜증 내는 그대 정체를 밝히시지, 어디 알아맞히어 볼까?"

그러면 내 생각의 꼭대기 자리를 차지한 구성의 그놈이 슬그머니 꽁무니를 뺀다. 그리고서 나의 몸에 다시 평화가 찾아온다. 요즘 나는 나에게 일어나는 생각들을 유심히 관찰하고 혹은 멀거니 바라보는 연습을 하고 있다. 그러면서 나는 내가 마지막 숨을 거두는 순간 아내와 자식들에게 "한세상 잘 살고 간다."라고 대나무처럼 맑은 정신으로 이야기하며 떠나고 싶다.

마침 나무 의사 우종영 선생의 산문집《나는 나무처럼 살고 싶다》에는 대나무에 대한 소회가 아름답고 정감 있게 적혀 있다. 나름 요약하자면 이렇다. 나무는 보통 1년을 주기로 같은 일을 반복한다. 이른 봄 새순을 올리고 그것을 기반으로 꽃을 피운 다음, 가을에 열매를 맺고 겨울엔 다음 해를 기약하며 긴 수면에 들어가는 것이다. 나무에게 꽃은 번영과 존속의 기원을 담은 화려한 결정체다.

이른 봄, 꽃을 피운 나무들이 희망과 기쁨으로 충만해 보이는 것도 다 이런 이유 때문이다. 그런데 대나무는 그런 일반적인 나무의 삶에서 많이 벗어나 있다. 다른 나무들은 수십 번, 많게는 수천 번의 꽃을 피우지만 대나무는 단 한 번 꽃을 피우고는 미련 없이 즉시 생을 마감하기 때문이다.

대나무에게서 꽃은 아픔이요 고통이다. 단 한 번 개화(開花)하는 운명도 애달픈데 거기에 목숨마저 내놓아야 하는 삶이다. 그러나 대나무는 죽는 순간까지 흐트러지지 않는다. 생의 연장을 위해 발버둥 하거나 다음 해를 기약하려고 땅속의 줄기를 지키지도 않는다. 오로지 제대로 된 꽃을 피우기 위해 마지막 순간까지 최선을 다하는 그만의 푸르름, 그만의 곧음을 지닌 대나무의 삶이다.

잘 산다는 것

계절의 여왕 오월이다. 지난주 나는 장인 장모님 뵈러 경남 김해를 다녀왔다. 오가는 고속도로에서 바라다보이는 산천초목은 푸르렀다. 그 푸르름 속에는 나무 종류마다 서로 다른 빛깔을 조금씩 하고 있는데 마치 수채화물감처럼 어우러져 아름다웠다. 차창을 스치며 지나는 바람도 시원했고 추풍령을 넘는 구름과 저녁노을이 고왔다.

가는 길에 경북 의성에 있는, 신라에 합병돼 사라진 조그만 옛 왕국이었던 조문국의 왕릉 사적지를 들렀는데 걸으면서 잘 사는 게 뭘까를 생각했다. 마침 얼마 전 1회 독을 마친 청파교회 김기석 목사의 오래된 산문집《삶이 메시지다》에 적힌 글이 떠올랐다. 그는 이렇게 정의했다.

> 잘 사는 게 뭘까? 남보다 돈이 많고 높은 자리에 앉는 것이 아니라, 하나님께서 배분해 주신 삶의 몫을 충실히 살아 내는 것이 잘 사는 것이다. 이런 삶은 저마다 다른 모양새를 하고 있지만, 내적인 삶의 특징은 동일하다. 그는 공경하는 태도로 살아간다. 내면에는 고요함이 있고 아무도 하찮게 여기지 않고 존중한다. 그는 삶이 하나님의 은총이요 선물임을 알기에 늘 겸손히 살아간다.

또 그는 감사하며 살아간다. 바라고 원하는 것보다 고마움이 큰 사람이다. 없는 것을 찾기보다 있는 것을 헤아리는 일이 익숙하다. 홀로 어두운 밤길 걸으며 등불을 밝힌 마차 탄 이를 미워하지도 부러워하지 않는다. 등불이 없기에 누릴 수 있는 달빛과 별빛이 고마울 뿐이다.

그는 이렇게 기도한다. "주님께서 제게 주신 것은 다 분에 넘칩니다. 저는 그것을 받을 자격이 없습니다." 그래서 그는 자기에게 주어진 것을 이웃을 복되게 하는 일을 통해 하나님께 돌려드리고 싶어 한다.

예수의 하나님 나라 운동의 핵심

지난해 봄 출간한 도올 김용옥 선생의 저서《나는 예수입니다》1회 독을 마쳤다. 정통 기독교인들이 보기엔 도올 선생이 예수의 신성과 부활 신앙에 대해 모호하게 넘어가는 부분이 없지 않지만, 역시나 그의 해박한 신학의 지식과 주장에 나는 일말 고개가 끄덕여진다. 그리고 나사렛 예수가 벌인 하나님 나라 운동에 대한 그의 주장에 공감한다. 도올 선생이 말한 내용을 나름 요약하자면 이렇다.

중동의 변방 갈릴리 호수가 나사렛 출신의 예수가 행한 천국 운동 곧 하나님 나라 운동의 핵심은 '네 이웃을 네 몸과 같이 사랑하라는 이웃 사랑이다.' 여기서 이웃은 특정한 선민(選民)이 아닌 전체 인류를 가리킨다. 그리고 예수의 이웃 사랑은 곧 하나님 사랑이다. 기실 내 이웃을 내 몸과 같이 사랑한다는 말에는 그 어떤 개념이나 지식이나 가치관이 개입할 틈이 없다. 그건 내 몸이 아플 때 몸의 아픔을 개선하려고 일어나는 즉각적인 나의 행동이기 때문이다.

내 이웃을 내 몸과 같이 사랑한다는 것은 종교를 넘어 인간으로서 지고의 명제인데, 이 명제를 달성하기 위해 우리는 하나님을 사랑하지 않으면 안 된다. 왜냐면 하나님은 사랑이시기에 그렇다. 또 하나님은 실로 우리의 좁은 소견에서 생겨나는 사랑의 감정 노출 대상이 아니다. 하나님은 무한한 사랑 자체이며, 인간의 시비 너머에 있고 절대적 타자이며 우리의 모든 보편적 사유의 근원이다.

따라서 우리는 하나님을 사랑할 수 있을 때만이 진정 내 이웃을 내 몸과 같이 사랑할 수 있다고 해야 하는 것이다. 예를 들어 내가 한 여인을 사랑한다고 할 때도 마찬가지다. 감정의 노출로써만 사랑이 완성될 길은 없다. 그 여인 배후의 모습에 하나님이 계실 때만이 진실로 사랑한다고 말할 수 있다. 친구를 사랑하는 것과 어린아이 하나를 사랑하는 것 또한 마찬가지다.

예수는 이렇게 가르쳤다. "하나님 사랑에서 이웃 사랑이 저절로 도출되는 것은 아니다. 오히려 그것은 무서운 연역적 폭력이 될 수도 있다. 하나님 사랑은 구체적이고 즉각적인 인간 사랑으로부터 출발하는 것이다."

붓다의 예견, 오오백세

불경에 오오백세(五五百世)라는 말이 있다. 이 말은 붓다 자신이 열반에 든 이후를 예견한 말이다. 그 뜻은 붓다 자신이 열반하면 그동안 세웠던 불법이 5백 년을 단위로 다섯 단계를 지나면서 쇠퇴해 갈 것이라는 말이다. 즉 붓다가 이 세상을 떠난 후에 1단계 5백 년 동안에는 대게 해탈의 경지에 이르게 되고, 2단계 5백 년 동안에는 낱낱이 해탈이야 못 하지만 선정 곧 도를 닦을 줄 아는 사람이 많고,

3단계 5백 년 동안은 해탈도 선정도 없이 다만 많이 들어서 팔만장경의 교리에 통달하여 박문강기(博聞强記)하는 지식 면으로만 발달하고, 4단계 5백 년 동안에는 해탈도 선정도 다문(多聞)도 없이 절이나 짓고 탑이나 쌓는 사업만을 숭상하고, 마지막 5단계 5백 년 동안에는 해탈도 선정도 다문도 탑사도 없이 다만 명예나 재리(財利)를 갖고 싸움만을 일삼는다고 예견하셨다.

이는 세월이 흐를수록 성인의 발자취 멀어지고 중생의 마음은 거칠어지며, 또 우리는 인지가 발달된다고 하지만 성인이 볼 때는 그렇지 않고, 시대가 지나갈수록 물질문명이 발달할수록 망상은 많아지고, 도(道) 닦기는 어려워질 것을 오래전 예견하신 것이다. 불교의 변천사를 돌아보면 붓다의 섬뜩한 선견이 아닐 수 없다.

붓다의 가르침에 의하면 인류의 구원은 새로 어떤 성인이 나타나야만 가능한 것이 아니다. 또 누구에게 의지할 것이 아니라 우리 중생이 스스로 깨달아 청정한 본마음으로 돌아갈 때라야 가능하다. 부처라는 것도 오고 감이 없는 것이다. 누구든지 그 사람의 몸과 입과 뜻이 청정하면 부처가 거기 머무는 것이요 그렇지 않으면 머물지 않는 것이 된다.

그러므로 엄밀히 말해 부처님오신날도 따로 없다. 또 어려운 이웃을 사랑하려는 마음과 행사가 아니라면 매년 산속과 도심에서 떠들썩하게 야단법석을 떨 일도 아니다. 언제든 그 뜻과 행실이 청정하면 부처님이 오신 것이고 그 뜻과 행실이 청정치 못하면 부처님은 이미 가신 것이다.

몸옷 벗는 모습

나는 기독교 그리스도인이다. 성경에는 "네 마음과 뜻과 목숨을 다해 창조주 너의 하나님을 섬기라."라는 말씀이 있다. 이 가운데 '뜻을 다하여'라는 말씀은 두루 독서를 통해서도 하나님의 뜻을 발견하고 섬기라는 의미가 담겨 있다. 그런 점에서 유불선 3교 융합을 나침반 삼고, 기독교 성경에도 조예가 깊은 탄허 스님의 저서 《탄허록》을 만난 것은 근래 나의 복이요 행운이다.

꽃 피고 꽃잎 지는 서기 2021년 봄, 혼미했던 나의 정신을 기르기에 안성맞춤이다. 그는 부처가 이 땅에 온 이유를 '몸옷 벗는 모습'을 비유로 다음과 같이 정갈하게 적었다. 다른 책에서 쉬이 만나기 어려운 정제된 글이었다.

특히 생사 일여 근본이 되고, 너도나도 이 우주도 존재하기 이전 자리 곧 '마음의 자리'는 종교를 넘어 나에게도 두고두고 탐구 대상이 아닐 수 없다. 창조론과 찰나이면서 영원성을 가르치는 기독교 세계관 입장에서도 궁구할 필요가 있는 대상이다. 탄허 스님의 글을 나름 요약하자면 이렇다.

도(道)에 통한 사람은 사람의 몸뚱이를 그림자로 본다. 다시 말하면,

우리의 삶을 간밤에 꾼 꿈과 같다고 생각한다. 간밤에 꿈을 꾸고 다닌 사람이 꿈을 깨면 꿈속에서는 무언가 분명히 있긴 있었으나 헛것임을 알듯이 삶 또한 그렇게 본다.

삶을 이같이 여기는 탓에 육신을 굳이 오래 가지고 있으려고 않고, 현실이 꿈이자 환상인 줄 알므로 전혀 집착하지 않는다. 결국, 천당도 지옥도 자기 마음대로 하고 마는 것이다. 육신을 벗으려고 들면 향(香) 한 개 피워 놓고 그것이 다 타기 전에 마음대로 갈 수도 있다.

일반적으로 중생에게는 나서 멸함이 있고 몸뚱이에는 죽음이 있으며, 1년에는 봄 여름 가을 겨울 사계절이 있고, 세상에는 일었다가 없어짐이 있으나 오직 도인(道人)에게만 생사가 붙지 않는다. 혹자는 도인도 죽는데 어찌 생사가 없느냐고 반문할지 모르지만, 그것은 겉을 보고 하는 소리다. 옷 벗는 모습을 보고 죽었다 할 수는 없다. 세상 사람들은 이 '옷'을 자기 '몸'으로 착각한다. 그러다 보니 죽음의 경계에 걸린다.

그러면 도인이나 성인은 무엇을 자기 몸으로 생각하는 것일까? 몸 밖의 몸, 육신 밖의 육체를 지배하는 정신, 좀 어렵게 말하면 시공이 끊어진 자리를 자기 몸으로 안다. 시공이 끊어진 자리란 죽으나 사나 똑같은 자리, 몸을 벗으나 안 벗으나 똑같은 자리, 우주가 생기기 전 시공이 끊어진 자리, 생사가 붙지 않는 자리를 뜻한다.

부처는 바로 이 '자리'를 가르쳐 주기 위해 오셨다. 이 세상이 한바탕 꿈이란 것을 가르쳐 주기 위해 오신 것이다. 이것이 불교가 말하는 생사여탈의 면목이요, 또 고요한 곳에서 도를 닦는 이유이고, 생사의 문제를 자유자재로 해결할 수 있어야 하는 것, 이것이 곧 불교의 궁극적인 목표이다.

《탄허록》에는 이 같은 몇 가지 예화가 실려 있다. 예를 들자면 생사 문제를 자유자재하게 했던 33조 선사들은 물론이고, 그 후에 송나라 등은봉(鄧隱峰) 선사는 죽을 때 엉금엉금 걸어가다가 거꾸로 서서 곤두박질한 채로 몸을 벗었고,

관계지한선사(灌溪志閑禪師)는 제자들에게 말하기를, 다비(茶毘)를 위해 화장(火葬)할 나무를 준비해 쌓아 두도록 한 다음에, 가사와 장삼을 입고 주장자를 짚고 장작더미에 올라선 후 동서남북에 불을 지르라고 명하고는 장작더미에 불이 붙기 전 몸을 벗어 버렸다.

또 고려 때 보조국사(普照國師)는 상당법문(上堂法門)을 열고 제자들에게 다음과 같이 말했다. "내가 오늘 세상을 떠날 터이니 마지막으로 무엇이든지 물어보라." 그런 다음 백 가지 질문에 백 가지 답변을 하고는 법상(法床)에서 내려와 마루 끝에 앉은 채 입적하였다.

인간의 분류

어제를 기점으로 내가 사는 인천 연수구에도 봄꽃 만개하기 시작했다. 오래전 뜰에 심었던 진달래, 목련, 앵두나무에도. 지난해 심은 튤립은 땅을 박차고 나와 노란 꽃을 예쁘게 피웠다. 벚꽃은 바람에 일렁인다. 요즘 나는 100년을 내다본 탄허(呑虛, 1913~1983) 스님의 지혜서《탄허록》을 틈틈이 읽고 있다. 그분 말씀은 작금의 한국 정치를 돌아보게 한다. 탄허는 인간을 세 가지로 분류하며 오늘을 살아가는 우리에게 이렇게 교훈하고 있다.

세계 인구를 심성을 기준으로 분류한다면 극선질형(極善質形) 인간 10%, 극악질형(極惡質形) 인간 10%, 보통 사람 80%로 나눌 수 있다. 왕도 정치의 표본이요, 태평성세를 이루었다는 요순시대에도 모든 백성이 선질(善質)은 아니었으며, 극악무도했던 중국 하나라 걸왕(桀王)과 은나라의 주왕(紂王) 시대라 해도 모든 사람이 악질(惡質)은 아니었다. 단지 당시 최고 통치자가 어떤 사람이냐에 따라 정치가 달라졌을 뿐 인간 심성의 비율은 오늘날에도 변하지 않았다.

성인이 최고의 통치자일 때는 10% 극선질 인재를 등용했기 때문에 10%의 극악질은 머리를 들지 못했다. 그런데 최고의 통치자가 소인일 때는 그에 따라 10% 극악질이 등용되어 10% 극선질은 암혈(巖穴)에

숨을 수밖에 없었다. 그렇다면 나머지 80%의 보통 사람들은 어떻게 되는가. 어느 시대가 되었든 대중은 대세를 따를 뿐이다.

불교에서는 사람을 상근기(上根機), 중근기(中根機), 하근기(下根機)로 분류한다. 물론 부처님도 중생을 이같이 나누었으며, 인연 없는 중생은 부처님도 구제할 수 없다고 말씀하신 바 있다. 그러나 인간이라면 누구나 상근기의 인간이 될 수 있다. 상근기의 삶이란 대인군자(大人君子), 즉 우주와 자신을 잊고 예로써 사는 성인의 경지를 말하는 것이니, 이들에겐 별다른 지도가 필요치 않다.

중근기의 인간은 몰아양망(沒我兩忘) 경지에는 이르지 못했지만, 세속 법규에 조금도 어긋나지 않게 사는 사람을 말하고, 하근기의 인간은 예도 법도 모르고 정에만 이끌려 사는 천치(天癡) 같은 사람을 말한다. 그런데 여기서 중요한 것은 중근기와 하근기를 지도하는 지도자가 성인이냐 소인이냐 따라 결과가 크게 달라진다는 점이다. 그러므로 지도자가 위민덕화(爲民德化) 정치를 편다면 자연스럽게 중근기, 하근기의 국민이 모두 바른 인간이 될 것이다.

생명체에 대한 묵상

죽는 생명체와 죽지 않는 생명체의 차이 중 하나는 크기다. 한쪽은 너무 작고 다른 한쪽은 크고 다양하다. 한쪽은 단세포이고 다른 한쪽은 다세포다. 진화의 역사를 보면 죽음을 터득하지 못한 생명체는 단세포 생활에서 벗어나지를 못했다.

죽을 줄 아는 생명체만이 계통발생을 통해 복잡해지고 덩치가 커지고 중추신경계를 갖게 되었다. 그러므로 죽는 방법을 터득한 것은 고등 생명체의 출현과 번성의 결정적 열쇠였다. 고등 생물의 구성 세포들은 모양이 다양하고 저마다 전문적인 놀라운 능력을 지니고 있다.

세포들은 자신의 전문성을 위해 일부는 생식을 포기하고 스스로 죽는다. 전체를 위해 자신의 역할을 한정시키며, 나아가 자신의 운명을 자신이 속한 전체 세포 집단의 운명에 귀속시킨다. 그리하여 지구상의 모든 다세포 생명체는 개체를 이루는 세포 집단이 한정된 시간 동안 삶을 누린 후, 끝내는 다 함께 죽는 운명을 밟는다.

죽음은 그 자체로 분명한 의미가 있다. 죽음은 나무, 조개, 새, 메뚜기가 되기 위해 치른 대가요, 인간이 의식을 갖기 위해 치른 대가이며, 그 모든 빛나는 인식과 그 모든 사랑을 의식하기 위해 치른 대가이다.

다세포 생명체의 삶은 죽음과 함께 시작되었다. 고등 생물은 죽음을 전제로 탄생한 것이다.

그러므로 사람의 난자와 정자가 수정되는 순간, 죽음이 함께 심어졌다. 죽음은 다세포 생명체가 가지고 있는 전문적인 능력과 세밀한 기교, 아름답고 화려한 형태로 삶 속에 기억된다. 다세포생물의 특징을 이루는 모든 것이 애초에 죽음과 함께 찾아온 능력이기 때문이다.

없는 것이란 없다

없는 것이란 없다. 엄밀히 말해 우리는 없는 것에 대해 생각할 수도 없고 말할 수도 없다. 왜냐면 우리의 인식은 진짜 없음, 절대 무(無)를 인식하지 못하기 때문이다. 우리가 일상생활에서 말하는 '없다'라는 것은 없음 자체를 가리키는 것 아니라, 엄밀히 말해 '빠진 것', '부족한 것', '결핍이 있는 것'을 가리키는 표현이다.

각종 실험과 관측 결과를 토대로 또 137억 년 전 매우 작은 점에서 시작해 무한히 팽창하고 있는 우주 탄생 이론(빅뱅이론)에 대해서도 우리는 마치 태초 이전에 물질이 없는 무한 공간이 있었는데 어느 순간 공간 속 작은 한 점에서 빅뱅이 일어나 무한히 팽창하는 물질적 우주가 생겨났다고 생각한다.

하지만 이 또한 우리의 사고 습관에서 나온 것일 뿐 우주는 외부와 내부의 경계가 없다. 태초 이전에는 물질뿐 아니라 공간 자체도 없다. 비어 있는 공간 없는 완전한 무(無)를 우리는 그려 볼 수가 없다. 사실 인간의 유한성은 시공간상의 물리적 조건에만 국한되지 않는다. 우리의 앎과 인식 자체도 유한하다고 보아야 한다.

혜능의 무넘

중국 선종 제6조 혜능(慧能, 638~713)은 매우 독창적인 사상을 지닌 승려였다. 그는 일절 전통 불교에 맹종하지 않았다. 그는 자성(自性)의 청정한 마음이 바로 불성(佛性)이라는 깨달음을 전했다. 곧 모든 사람에게는 불성이 있으며 누구라도 돈오(頓悟) 성불할 수 있다고 한 것이다.

그는 말하기를 부처와 일반인 차이는 자성에 대한 의심과 깨달음 차이일 뿐, 자성이 미혹되면 부처가 중생이고 자성을 깨달으면 중생이 바로 부처라고 한 것이다. 그러므로 부처는 사람의 마음속에 있고 인간 세상에 있는 것이다. 그러니 혜능은 불법이란 인간 세상 밖으로 벗어나지도 또 바깥에서 구하지 말라고 했다. 수행 또한 출가나 재가나 모두 같은 것이라고 하였다. 참으로 놀라운 깨침이 아닐 수 없다.

한때, 나 또한 출가를 생각하며 번민하던 적이 있었다. 그것은 서른넷 젊은 나이에 작고한 나의 외삼촌이 한 분 계셨는데, 해남 두륜산 대흥사와 태백산맥 끝자락 달마산 미황사에서 요양과 수양을 위해 수년간 기거했는데 내가 초등학교 입학 전부터 초등학교 5학년 사이의 일이다.

당시 달마산 미황사는 두륜산 대흥사의 말사(末寺)였는데 지금은 유명한 사찰이 되어 있다. 여름이면 외삼촌께 전해 줄 외할머니 심부름으로 미황사에 다녀오곤 했다. 언덕길을 오르며 바라본 남창과 완도의 점점이 섬과 푸른 바다를 볼 수 있었다. 그때 미황사의 모습과 향기가 남은 때문이기도 했을 것이다.

그러다가 "수행에 있어 출가나 재가나 모두 같은 것이다."라는 육조 혜능의 가르침을 접하고 출가 생각은 깨끗이 정리할 수 있었고 그 후로 나는 훌륭한 재가 수행자들을 독서를 통해 만날 수 있었다. 혜능의 이야기를 계속하자면 이렇다.

혜능은 청정을 얻고 해탈을 구하기 위해 무념(無念) 학설을 제시했다. 무념의 목적은 사람의 마음을 청정(清淨)하고 허정(虛靜)하게 하여 어떤 잡념도 간섭받지 않는 것이다. 무념이란 생각하면서도 생각에 집착하지 않는 것. 그래서 무주(無住)이고, 생각에 머물러 있지 않은 것이다.

그렇다고 무념은 사람의 마음속에 어떤 생각도 없다는 것을 의미하지는 않는다. 또 무념은 세상과 단절되거나 외부 세계와 접촉하지 않는다는 것도 아니다. 다만 외부 세계와 생각에 집착하지 않는다는 것이다.

혜능은 이렇게 말한다. "생각이 일체의 법에 머무르지 않는다. 한 생각에 머무르면 모든 생각이 다 머물러 얽매인다. 일체의 생각이 머무르지 않으면 얽매임이 없다."

사후에 관한 붓다의 답변

어느새 봄인데 봄같이 느껴지지 않다. 산수유 꽃망울이 수류탄같이 터지고 뜰의 비비추와 튤립 새싹이 맹동하고 있다. 또 회양목 꽃은 벌써 피고 지건만 몸을 누이는 나의 전기장판 온도는 아직 겨울 숫자 '5'에 맞춰져 있다. 잡념 탓이 아닌가 싶다. 붓다의 제자 비구 만동자를 닮은 듯하다.

불교 왜곡의 문제는 인격의 석가를 너무 신격화함에 있고, 기독교 왜곡의 문제는 반대로 예수를 너무 인격화한 데에 있다는 학자들의 지적이 있다. 이런 지적에 나는 일말 동의한다. 사후에 관해 알고 싶어 했던 비구 만동자의 불만에 대한 붓다의 설을 통해서도 엿볼 수 있다. 불교 경전 중아함경에 전해지는 비구 만동자의 이야기가 다음처럼 전해 내려온다.

붓다께서 사위국 기원정사에 계실 때 일이다. 비구 만동자는 고요한 곳에 앉아 종일 생각에 잠겨 있었다. 그것은 세계는 무상(無常)한가? 무한(無限)한 것인가 유한(有限)한 것인가? 또, 중생은 죽은 뒤에도 존재하는가? 존재하지 않는가? 고민이었다. 그동안 붓다는 이런 문제에 대해 전혀 설명이 없었던 것이다.

비구 만동자는 그런 붓다의 태도가 못마땅했고 이제 더는 참을 수 없다고 결심하고는 붓다를 비난하고 떠나리라 생각했다. 어느 날 해가 질 무렵 만동자는 붓다를 찾아가 그동안 그의 이런 생각을 말하자, 붓다가 이렇게 대답했다. "비구 만동자여, 어떤 사람이 독 묻은 화살을 맞아 죽어 가고 있을 때, 친척들이 의사를 불러 화살을 뽑고자 하였다. 그런데 그는 이렇게 외쳤다. 화살을 뽑지 마시오. 먼저 화살을 쏜 이가 누군지 자세히 알아야겠소. 그리고 그 활의 크기와 재질 또 활의 줄과 화살촉, 화살의 깃도 무엇으로 만들었는지를 말이오."

"비구 만동자여, 독화살을 맞은 이가 이같이 고집하면 어떻게 되겠느냐? 세계가 영원한가? 무상한가? 등을 알기 위해 나를 따라 수행한다면 옳지 않다. 그렇게 말하는 사람에게도 생로병사와 근심 걱정은 있는 것이다. 나는 이러한 것들을 없애게 하고자 법을 설하는 것이다. 또 나는 세상의 무한함과 유한함, 죽음 뒤의 존재 여부에 대해 단정적으로 말하지 않는다."

"왜냐면 그들이 어떤 견해를 가졌다 해도, 맑고 깨끗한 수행이 되는 것이 아니요, 여전히 생로병사와 근심 걱정을 면할 수 없기 때문이다. 만동자여, 나는 설해야 할 것은 설하지만 설하지 않아야 할 것은 하지 않는다. 네가 알고 싶어 하는 것들은 그 문제를 안다고 해도 이익이 될 것이 없나니, 깨달음을 얻어 열반에 들어가는 길이 되지 않기 때문이다."

대상에 갇힌 삶

토머스 머튼은 평생 50권 넘는 책을 썼다. 그는 생의 말기에 자기 저술을 평가하면서 가장 좋아하는 책 가운데 하나로 《장자의 길》(The Way of Chuang Tzu)을 꼽았다. 그리스도인 머튼이 장자에게 친화감을 느낀 까닭은 생소한 도교 전통에서 기독교와 경쟁하지 않고 때로는 후자를 완성시켜 주는 통찰을 발견했기 때문이다.

아마도 머튼은 기독교 신학의 일부 상징들과 형식들이 매우 낡았다고 생각했고, 예수의 비유들이 최초 청중에게 주었던 참신한 느낌을 장자에게서 발견했을 것이다. 예수와 장자가 베푼 가르침은 참신함이 진수다. 말하자면 그런 가르침은 우리의 허를 찌를 때 효과가 있다. 그 이미지들을 예측할 수 있게 되면 효력을 잃고 말기 때문이다.

400년을 사이에 두고 전혀 다른 두 문화 출신의 인물인 장자와 예수가 결국 비슷한 방식으로 진리를 가르치게 되었다는 것은 이 세상 다양성 뒤에 감춰진 온전성이 있다는 증거다. 다음은 토머스 머튼이 번역한 장자의 시 〈활동적인 삶〉의 내용이다. 굳이 부제를 달자면 '대상의 세계에 갇혀 있는 우리의 삶'을 말한다.

요즘 한국토지주택공사 임직원들과 지방의회의원 등 공복들이 정부의 비공개 정보를 이용해 땅투기로 몸살을 앓고 있는 때에 장자의 비유 그 역설의 가르침을 상고해 본다. 장자는 이렇게 꼬집었다.

전문가에게 그를 괴롭히는 문제가 없다면 그는 불행할 것이다! 철학자는 자신의 가르침이 공격을 받지 않는다면 한탄할 것이고, 비평가들이 심술을 부릴 대상을 찾지 못한다면 그들은 불행할 것이다. 모두가 대상의 세계에 갇힌 죄수들 아닌가.

추종자를 원하는 사람은 정치권력을 추구한다. 명성을 원하는 사람은 관직을 차지한다. 강한 남자는 들어 올릴 것을 찾는다. 용감한 여자는 용기를 보여 주려고 비상사태를 찾고, 검객은 칼을 휘두를 수 있는 싸움을 원한다. 전성기가 지난 사람들은 품위 있는 퇴직을 좋아한다.

또 법에 노련한 사람들은 법의 적용을 확장시키려고 어려운 사례를 찾는다. 전례 인도자와 음악가는 자기 재능을 발휘할 수 있는 축제를 좋아하고, 인정 많고 성실한 사람은 늘 미덕을 보여 줄 기회를 찾는다. 잡초가 없다면 정원사들은 어디에 있을까?

바보들이 북적대는 시장이 없다면 장사는 어떻게 될

까? 다 함께 몰려들 떠들썩한 핑계할 거리가 없다면 군중은 어디에? 남아도는 물건을 만들지 않는다면 노동은 어떻게 될까? 생산하라! 결실하라! 돈을 벌라! 친구를 만들라! 변화를 일으켜라! 그렇지 않으면 그대는 절망에 빠져 죽을 것이다!

박이약지(博以約之) 절반의 기독교인

내가 좋아하는 목사 가운데 한 분이 서울 청파감리교회 김기석 목사다. 얼마 전 교보문고에서 책을 고르던 중에 그의 오래된 산문집《삶이 메시지다》를 발견하고 사서 요즘 틈틈이 읽고 있다. 책 중간에 아무나 쉬이 모르라고 보석처럼 숨겨 있는 그의 고백이 있다. 부끄러운 내 모습이기도 하여 곰곰 생각하며 그 대목을 나름 옮기자니 이렇다.

소금은 늘 같은 소금이지 경우를 따라서 짠맛을 내지 않는다. 빛은 언제나 빛이지 사람을 가려 비추지 않는다. 그런데 세상에는 소금처럼 보이지만 소금이 아닌 이도 있고, 빛처럼 보이지만 빛이 아닌 사람도 있다. 모양은 닮았으나 실질은 다른 사람, 그리스도인 외양은 갖췄으나 그리스도의 진정에는 이르지 못한 사람이다. 웨슬리는 그들을 가리켜 절반의 기독교인이라고 불렀다.

남을 가리킬 것 없다. 내 꼬락서니 보아하니 그렇다. 두루 해박한 듯하나 삶의 실질이 부실하구나. 일망무제로 펼쳐진 바닷물은 소금을 내장하고 있으나 아직 소금은 아니다. 염전에 갇혀 뽀얀 폭양 아래 몸을 뒤채면서 헛된 수분을 증발시키지 않고는 소금이 되지 않는다. 그 빛나는 결정체 이룰 수 없다.

박이약지(博以約之)라. 폭넓은 섭렵(博)이 하나의 초점을 통해 집약 (約)되지 않는 한 어떠한 결실도 기약할 수 없다. 그래서 예수는 당신을 따르려는 이들에게 '자기부정'을 요구하였다. '자기부정'을 통해 삶을 거르지 않는 한 소금이 될 수 없기 때문이리라.

오병이어 기적의 진실

미국의 존경받는 교육 지도자이며 사회운동가 파커 J. 파머의 역저 《일과 창조의 영성》을 책장에 넣기 전 적어 놓고 싶은 대목이 있다. 예수의 오병이어 이야기에 대한 그의 해석이다. 대부분 예수가 일으킨 초자연적 기적 사건으로 배워 알고 있는 내용인데, 실은 예수가 기적을 행하는 것을 무던히 좋아하지 않았음을 상기해 볼 때, 파커 J. 파머의 해석은 음미해 볼 여지가 크다. 나름 요약하자면 이렇다.

사건은 예수와 그의 제자들이 관조(觀照)를 추구하려고 할 때 오히려 발생한다. "너희에게 빵이 얼마나 있느냐? 가서, 알아보아라." 제자들은 예수의 지시를 따르지만, 그들이 가져온 물품 명세는 빵 다섯 개와 물고기 두 마리다. 내심 제자들은 사람들이 제각기 저녁을 사 먹기를 원했을 뿐만 아니라 예수가 그들을 은근히 흩어 버리기를 원했다.

제자들은 5천 명의 군중이 제각기 개별적으로 부족한 양식을 위해 경쟁하기를 바랐던 것이다. 그러나 예수는 망설이지 않고 군중을 소그룹으로 풀밭에 앉게 했다. 100명씩 혹은 50명씩. 그리고는 빵과 물고기를 들어 축사한 뒤 그것을 떼어 제자들에게 건네며 나눠 주게 했다. 결과는 모든 사람이 만족히 먹고도 열두 광주리가 남았다.

이 이야기를 우리가 초자연적 예수에만 초점을 맞추면 그것은 타인에 대한 우리의 인간적 책임을 회피하게 하는 것이라고 파머는 주장한다. 그때 과연 무슨 일이 일어났던 것일까? 그 일은 우리가 오늘을 사는 현실 세계에서 행동과 풍요에 관해 무엇을 말하고 있는 것일까? 광야에서 악마의 도전을 받았을 때 기적으로 빵을 만들 수 있었음에도 단호히 거부했던 예수가 갈릴리 호숫가에서는 슬쩍 기적을 일으킨 것일까?

자세히 들여다보면 이 기적은 5천 명이나 되는 익명의 군중을 더 작은, 얼굴을 마주하는 공동체들로 나누는 단순한 행동으로 시작이 된다. 예수가 군중의 익명성을 서로 알아보고 인식할 수 있는 인간적인 집단의 에너지와 인격성으로 대치할 때 사람들 사이에서 일어나는 일을 우리는 상상해 볼 수 있다. 그것은 여러 차원에서 그리고 여러 방식으로 고립돼 있던 개인들이 상호작용을 주고받는 유기적인 공동체로 변모하는 것이다.

예수가 제자들에게 "너희가 그들에게 먹을 것을 주어라!" 말한 것은 예수는 제자들이 군중에게 줄 선물, 즉 비축된 식량이나 또는 상업적 거래에 의존하지 않는 그런 선물이 그들에게 있다는 것을 깨닫게 하려고 애쓰는 듯하다.

성경은 빵과 물고기가 예수의 손을 떠나는 순간에 마술처럼 증식되었다고 기록하지 않았다. 대신에 예수와 제자들이 자기네 손에 있는 적은 양식에도 감사했고 그것을 먹고 싶은 사람에게 제공하는 행위를 솔선수범했을 것으로 짐작된다.

예수와 제자들의 행동을 보며 소그룹으로 모여 있던 사람들도 서로 나눌 수 있는 양식이 자기에게 있음을 알게 되었을 것이다. 아마 그들은 감동해서 부족한 자원을 축적하기보다 예수와 제자들의 관대함을 본받게 되었을 것이다. 관대한 본보기를 보고 불이 붙은 공동체를 통해 별안간 결핍이 풍요로 변모한 것이다. 그것은 마술로 일어난 일이 아니라 사람들의 살아 있는 만남을 통해 발생한 사태였다.

성경 속의 이야기는 모든 사람이 다 배부른 상태로 떠나갔다고도 말하지 않는다. 성경은 그들이 모두 먹고 만족했다고 기록하고 있다. 결핍의 문화는 불만족을 바탕으로 번창하고 불만족을 낳는다. 우리가 충분히 소유하고 있음을 믿기를 거부하는 태도가 경쟁을 낳고 국내에서와 전 세계적으로 자원의 불공정한 분배를 초래하는 것은 아닐지.

늙어 감

요즘 나는 불교 경전《법구경》을 읽고 있다. 법구(法救)는 인도의 학자이며 승려 이름이다. 대략 기원 전후 사람으로 알려져 있을 뿐 그에 대해 알려진 게 거의 없다. 그가 지은《법구경》은 붓다의 말을 시적(詩的)으로 묶어 만든 일종의 잠언 시집인데 모두 423편의 시로 구성돼 있다.

아름답고도 쉽고 단순한 언어로 쓰여 불교 경전을 하룻밤에 읽기에 그만이다. 나는 시간이 날 때마다 숭늉처럼 음미하고 있다. 그 맛이 매우 시원하고 고소하며 맛이 있다. 누구나 가슴에 담고 살아가면 양약이 될 것이 분명하다.《법구경》제11장을 펴면 인생의 늙어 감이 이렇게 적혀 있다. 두려우면서도 참으로 깊고 맑은 통찰이 아닐 수 없다.

> 세상은 쉼 없이 불타고 있는데 무엇에 웃고 무엇을 기뻐하랴. 그대는 암흑 속에 둘러싸여 있는데 어찌하여 등불을 찾지 않는가? 보라, 이 아름답게 보이는 육체를! 육신은 상처 덩어리에 불과한 것, 병치레 끊일 새 없고 욕망에 타오르고 영원하지도 견고하지도 못한 것을! 육체는 늙어 시들고, 병의 둥지이고 깨지기 쉬운 그릇이다.

삶은 반드시 죽음으로 마치나니 이 몸 산산이 부서져 썩어 없어지고 만다. 목숨이 다해 정신(情神)이 떠나가면 가을 들녘에 버려진 표주박처럼 살은 썩고 앙상한 백골만 뒹굴 텐데 무엇을 기뻐할 것인가!

이 육체는 뼈로 기둥 삼고, 살과 피로 덮어 지은 집이다. 그 집에는 자만과 위선 그리고 늙음과 죽음이 살고 있다. 금빛 찬란한 왕의 수레도 낡아 부서지고 이 몸 또한 늙고 부서지고야 만다. 그러나 법(法)의 수레바퀴는 결코 부서지지 않느니, 그 가르침이 선한 사람끼리 전해 가기 때문이다.

배우기를 힘쓰지 않는 사람은 황소처럼 늙어 간다. 그 몸은 살이 찌지만, 지혜는 자라지 않는다. 이 집 지은 이 찾아 무던히도 헤매었지만 찾지 못한 채 수많은 생을 보내었다. 삶은 언제나 괴로움만 되풀이되었을 뿐이다.

이제 나는 이 집 지은 이를 찾았다.

나는 다시는 이 집을 짓지 않으리라! 기둥은 부서지고 서까래는 무너져 내렸다. 마침내 애착과 욕망이 말끔히 사라지고 니르바나, 대자유 끝에 이르렀다. 젊은 날에

수행도 하지 않고 정신적인 재산도 모아 두지 않은 사람
은 고기 없는 연못가의 늙은 백로처럼 쇠약해져 쓸쓸히
죽어 가리라. 못 쓰는 화살처럼 쓰러져 누워 부질없이
지난날을 한숨지으며 탄식하리라.

사마광 독락원(獨樂園)

사마광은 중국 북송 때의 학자요 정치가로 서기 1019년에 태어나 1086까지 살았던 인물이다. 사마광이 지은 〈독락원(獨樂園)〉이라는 글은 내가 7년 전 어느 봄날 독서를 즐기다가 하도 좋아, 나 또한 독서를 평생의 벗 삼아야지 다짐했던 글이다. 혼돈과 불신의 시대일수록 독서는 변함없이 좋은 벗이다. 다음은 천 년 전 '독락원, 홀로 즐기는 정원'이라는 뜻의 그의 글이다.

> 저 뱁새가 숲에 집을 지으면 나뭇가지 한 개에 지나지 않고, 두더지가 황하의 물을 마시면 배를 불리는 데 지나지 않는다. 각각 분수를 지키며 편안하게 여기는 것, 이것이 바로 내가 즐기는 것이다. 희령 4년(1071, 53세)에 나는 처음으로 낙양에 집을 정하고, 6년(1073, 55세)에 밭 20무를 존현방 북쪽에 개간하여 전원을 만들었다.
>
> 나는 평일 집에 머물며 독서하는 일이 많았다. 위로 성인을 선생으로 삼고 아래로 현인들을 벗하며 인의의 근원을 엿보고 예악의 단서를 탐색하였다. 아직 형체가 있기 이전부터 사방으로 무궁한 바깥에 이르기까지 사물의 이치가 모두 눈앞에 모였다. 걱정되는 것은 학문이

아직 이르지 못한 것이다. 또 어찌 남에게서 구하겠으며 외부에서 얻을 필요가 있겠는가!

뜻이 권태롭고 몸이 피곤하면 낚시를 던져 물고기를 잡고, 옷깃을 잡고 나물을 캐며, 도랑을 만들어 화초를 가꾸고, 도끼를 잡고 대나무를 자르고, 더위를 식히고 손을 씻으며, 높은 곳에 올라 눈이 가는 대로 바라보고 소요하며 노닐면서 마음이 편안한 대로 산다.

밝은 달이 때가 되면 떠오르고 맑은 바람은 절로 찾아온다. 가도록 끄는 사람도 없고 멈추도록 말리는 사람도 없다. 귀와 허파와 창자가 모두 나의 것이다. 외로우면서 광대하여 자유로우니 하늘과 땅 사이에 이것에 대신할 만한 즐거움이 어디 다시 있겠는가! 그래서 이름을 독락원(獨樂園)이라고 지었다.

내가 즐기는 것은 엷고 누추하고 비루하고 촌스러운 것이니 세상 사람들이 버리는 것들입니다. 혹 어떤 사람이 이 즐거움을 함께하기를 원한다면 반드시 두 번 절하고 그에게 바칠 것입니다. 어찌 감히 독점하겠습니까!

기독교 성령의 이해

예전에 우리는 인간의 종과는 다른 천사의 존재가 있는 것으로 믿고 생각했지만, 이젠 인문학, 신학, 과학 문명, 우주과학 등의 발달로 오늘날 그렇게 생각하는 사람은 거의 없다. 또 예전에 우리는 악마라는 존재가 별도로 존재한다고 믿고 생각했지만, 그렇게 믿고 생각하는 사람 또한 오늘날 거의 없다.

대신에 우리는 인간의 다양한 모습에서 천사와 악마의 모습을 발견하며 목격하고 산다. 어떤 이는 우리가 바로 천사이고 악마라고 일컫는데, 이 말에 나는 충분히 동의한다. 그러면서도 나의 예수 그리스도 믿음과 마음 한편에는 창조주 하나님의 손발 역할을 하는 천사와 악마가 있다고 생각하며 산다.

또 기독교에서 말하는 성령의 존재, 성령이 있느냐 없느냐를 어떻게 보아야 할까? 당연히 기독교인이라면 하나님을 구성하는 삼위일체의 한위인 성령을 부인할 수 없을 것이다. 나는 성령이 이해의 대상이냐 아니냐와 또 개인적 체험을 떠나 일반인에게 어떻게 설명해야 하는지 궁금해하던 차에 백 년을 살아 본 철학자요 깊은 영성의 그리스도인 김형석 연세대 철학과 명예교수 강연에서 일말의 답을 찾았다. 요약하자면 이렇다.

인간적 위치에서 생각해 보면, 인간은 신체(身體)와 정신력(精神力) 이 두 가지 요소로 이뤄져 있다. 여기에서 신체는 자연의 한 면으로 자연법칙에 따라 움직인다. 그런데 인간은 자연법칙에 따라 움직이는 이 신체를 주관하고 이끌어 갈 수 있는 '정신력'을 지니고 있는데, 이 정신력 인간은 신체 인간과는 차원이 다르다.

왜냐면 정신력은 시간 속에서 영원을 사모하고, 정신적 가치를 추구하며, 많은 거짓 가운데서 진리를 찾고, 또 양심의 가치를 통해 인생의 가치를 찾아가기 때문인데, 이는 신체 인간이 추구하는 자연 질서와는 완전히 다른 인간 삶의 요소인 것이다.

하나님과 인간의 관계가 계명과 율법으로 관계되었던 구약시대와는 달리, 예수가 이 땅에 오심으로 인해 하나님과 인간의 관계는 정신적 영역과 정신적 질서로 재편되었는데, 하나님과 인간의 관계를 매개하는 연결고리가 바로 '성령'이다. 한마디로 이 '성령'을 부정하고는 오늘날 신과 인간의 관계가 성립하지 않는다.

김형석 교수는 이 성령이 존재하느냐 않느냐는 개인적 구원과 은총의 체험 영역이라고 에둘러 해설하고 있다. 그는 사람이 신과 인간의 관계를 예수님의 약속과 은총으로 체험하게 될 때, 그 사람은 예수님이 약속하신 성령으로 받아들이는 것이다. 즉 개인적 구원의 체험과 은총의 체험을 하는 인간만이 성령의 존재를 이해하고 성령의 역사로 받아들일 수 있다는 것이다.

나는 이분의 이와 같은 해설에 동의한다. 왜냐면 개인에게 하나님의 성령은 개인적 구원과 은총의 체험을 통해서 느끼고 만날 수 있기 때문이다. 그러면서 나는 이런 말을 덧붙이고 싶다. 예수는 인류에게 신과 인간의 관계를 가장 알기 쉽게 가르쳐 준 분이다. 즉 하나님과 우리는 아버지와 아들의 관계라는 것이다. 기독교 성경에는 그 아버지에 대해 또 아들의 온갖 세상사에 대해 교훈하고 이야기해 주고 있다.

그러므로 인생을 잘 사는 지혜가 성경에 담겨 있기에, 개인이 성경을 통해 하나님을 아버지로 받아들이고 늘 잊지 않고 명심하며 살아갈 때, 그 말씀은 우리의 생활과 삶과 인생관에 녹여지게 되는데 그 살아가는 모습 그대로가 성령의 존재를 여실히 보여 주는 실례다. 그러므로 나로 인해, 개인의 삶 속에는 성령이 있기도 하고 없기도 하다.

분노의 폭류 건너는 지혜

불교 상응부 경전에서 석가 붓다는 이렇게 설하였다. "폭류(瀑流)를 어떻게 건널 것인가? 나태하게 휩쓸리지 않고 애써 저항하지도 않은 채로 나는 폭류를 건넜다네."

폭류는 경사가 급한 지형에서 비가 올 때 순식간에 많은 물이 흐르는 사태를 말한다. 또 계곡 주변의 흙더미나 바위를 눈 깜짝할 사이 떠내려 보내는 무서운 물이기도 하다. 그런데 여기에서 붓다가 설한 폭류는 이런 사태를 빗대어 불타듯 하는 사람의 분노를 에둘러 표현한 것이다.

나는 어린 시절을 해남 두륜산과 달마산 자락 산골에서 자라 여름이면 폭류를 자주 목격하곤 했다. 순식간에 물이 불어 마당의 헛간이 허물어지지 않은 채로 둥둥 떠내려가기도 했다. 소와 돼지 닭들이 물살에 휩쓸리는 모습도 지켜보았다. 또 이 분노로 인해 목숨을 잃는 사람도 보았다.

요즈음 사회의 양극단 현상이 절정에 이른 이 분노의 시대에 본이 되지 못하고 세금만을 축내는 지도자들 폭류에 그리고 내 뜻대로 세상이 돌아가지 않음에 분노하는 인간의 폭류를 우리는 석가 붓다처럼 어떻게 하면 건널 수 있을까? 그 방법론을 초등학교 교사를 그만두고 송광사로 출가한 명상 상담 연구원 인경 스님은 이렇게 말한다.

먼저는 내가 나를 수용한다. 자신을 존재하는 그대로 인정하고, 부족하면 부족한 대로 자신을 받아들여야 한다. 허용해야 한다. 그런 후에 나와 다른 너를 수용함이다. 내게 찾아오는 폭류를 그냥 그 자체로 허용하면서 회피하지 않고 변화시키겠다는 의도도 갖지 않은 채 노출된 느낌을 온전하게 수용하여 단지 지켜보는 것. 이것이 폭류(瀑流)를 건너는 방법이고 중도(中道)이고 침묵(沈默)이다. 바로 당신이다.

다음은 인경 스님이 쓴 시 한 편이다. 폭류를 잘 건너가는 밧줄과도 같다. 이렇게 되어 있다.

지금 여기 존재하는 그대로
인정하고 바라보는 것
화를 내거나 비난하는 바로 그때 판단을 멈추고
지금 일어난 그대로를 온전히 느끼면서
내 방식으로 상대를 통제하려는 내적 불꽃의 열정
그 시도를 곧 알아차리고 내려놓는 것
옳고 그름을 판단하지 않고

따뜻한 가슴으로 온전히 그 존재를 존중하면서
그냥 텅 빈 그대로 온갖 바람이 지나가는 통로
골짜기가 되고 들판이 되는 것

우파니샤드 제3부 1장

예전에 밝혔듯이 나는 하나님을 신앙하고 예수의 가르침을 따르는 그리스도인이다. 아직 믿고 따를 만한 본이 되는 그리스도인이야 되지 못하지만, 하나님과 예수를 알아 가는 지식에 배고파하는 사람이다. 나는 요즘 B.C.8세기~B.C.3세기에 걸쳐 이름 없는 현자들에 의해 쓰인 인도의 경전 우파니샤드를 조심 읽고 있다.

우파니샤드는 '가까이 아래에 앉는다.'라는 말로 '스승 발밑에 앉아 전수받은 가르침'을 뜻한다. 현존하는 우파니샤드만도 108개에 달하고 그밖에 없어진 것까지 합치면 수를 알 수 없다고 한다. 내가 읽고 있는 책은 인도 영적인 전통을 부활시켰다고 평가받는 8세기에 활동한 위대한 사상가요 신비가인 샹카라(Shankara)가 11개 우파니샤드를 베다 전통 우파니샤드로 보고 그가 쓴 주석을 모아 번역한 책이다.

나는 다른 종교나 전통의 경전과 지혜서를 읽을 적에 두 가지를 주목하여 읽는다. 하나는 그들이 찾아 헤매어 마침내 찾았다고 한 진리는 무엇인가? 다른 하나는 그들이 찾은 진리가 오늘날의 현대 종교와 그리고 내가 신앙하는 그리스도교와 어떤 연결고리가 있겠는가 하는 부분이다. 그래서 조심 읽으며 타 종교와의 대화에 비교적 열려 있는 사람이다.

오늘 주목한 우파니샤드 3부 1장은 기독교인, 불교인, 유가 등 종교를 넘어 상고하면 유익하다. 선입견에 오해 말고 각 자의 자리에서 명상을 해 봄도 좋을 것이다. 왜냐면 인간의 언어로는 진리를 정확히 이름할 수 없고 표현할 수도 없기에 그렇다.

천주교는 진리를 하늘처럼 크므로 '하느님'이라 부른다. 기독교는 하나만큼 큰 것 혹은 제일이 없으므로 '하나님'이라 이름한다. 불교는 진리를 깨달은 자라고 하여 '붓다'라 하고, 노자와 장자는 도(道), 공자는 천(天)이라 이름하였다. 그러니 엄밀히 보자면 진리의 이름을 두고 선입견을 갖고 다툴 일이 아니다.

우파니샤드는 진리를 '브라만'으로 칭하고 있는데 이 또한 마찬가지다. 자신이 신앙하고 따르는 진리의 이름으로 대체해 곰곰 생각해 보면 그 맛이 달 것이다. 우파니샤드 제3부 1장은 이렇게 쓰여 있다.

늘 함께 다니는 정다운 새 두 마리가 같은 나뭇가지에 앉아 있다. 그 가운데 한 마리는 열매를 따 먹느라 정신이 없다. 하지만 다른 한 마리는 아무 집착이 없이 열매를 탐닉하는 친구를 초연히 바라보고 있다. 열매를 탐닉하고 있는 새는 에고이고 그것을 초연하게 바라보는 새는 참 자아다. 그 둘이 함께 앉아 있는 나무는 육체이고 열매를 탐닉하는 새가 따 먹는 열매는 행위다.

에고를 자기라고 생각하는 동안 열매를 탐닉하는 새는 집착과 슬픔에서 벗어나지 못한다. 그러나 자신의 참 자아 브라만을 깨달으면 열매 따 먹는 새를 초연하게 바라보는 새처럼 슬픔에 젖지 않는다. 지고한 빛과 사랑의 근원인 참 자아를 깨달으면 선과 악의 이원성(二元性)을 초월해 모든 것이 하나로 통합하는 우주적 합일 차원으로 들어간다.

브라만은 생명의 숨이다. 그는 모든 존재의 심장 속에 빛나고 있다. 모든 존재 속에서 그를 보는 현자는 '나'와 '나의 것'이라는 생각이 없이 무위(無爲)의 길을 간다. 그들은 오직 브라만 안에 머무는 것을 기쁨과 안식으로 여긴다.

이런 사람이 브라만을 깨달은 사람이다. 진리에 대한 열망과 부단한 지혜의 연마, 그리고 명상과 감각을 제어하는 훈련을 통해서 기쁨으로 충만한 참 자아(眞人)에 이를 수 있으며, 순수한 가슴에서 빛나는 참 자아를 볼 수 있다.

진실이 승리할 것이다. 진실이 아닌 것은 사라질 것이다. 진실은 삶의 길이자 목표다. 현자들은 이 길을 통해

에고 굴레를 벗어던지고 불멸의 경지에 도달했다. 빛나는 참 자아 브라만은 모든 생각 너머에 있다. 그의 모습은 상상할 수조차 없다. 그는 가장 큰 것보다 더 크며, 가장 작은 것보다 더 작고, 가장 멀리 있는 것보다 더 멀리 있고, 가장 가까이 있는 것보다 더 가까이 있다. 이런 그가 심장의 깊은 동굴 속에서 빛을 발하고 있다.

그는 감각이 닿지 않는 곳에 있다. 그는 오직 깊은 명상으로 고요해진 마음으로만 볼 수 있다. 그는 모든 말과 행위 너머에 있다. 그러므로 고행이나 제사로는 그를 알 수 없다. 그는 오직 감각의 바람이 가라앉은 순수한 가슴으로만 볼 수 있다.

브라만을 깨달은 사람은 모든 일을 브라만의 일로 알고 한다. 그는 먹고사는 문제로 걱정하지 않지만 필요한 대로 얻는다. 그러므로 행복하기를 바라는 사람이라면 마땅히 참 자아에 대한 깨달음을 구해야 하리라.

예수의 자유정신 '공동선(共同善)'

서기 2020년 마지막 날이다. 내일이면 2021년 새 해가 뜬다. 내년에는 몸도 마음도 영혼도 또 하는 일이 잘되기를 기도한다. 앨버트 놀런이 예수의 참 자유 근원은 공동선(共同善)에 있다고 하는 주장이 있다. 그의 주장이 틀렸다고 말할 수 없다. 쉬이 만나기 어렵고 보기에도 드문 용기 있는 발언이며 매우 깊은 사유(思惟)가 아닐 수 없다.

나는 나사렛 예수가 정말로 공동선을 하나님 뜻과 동일시하여 말했는지? 예수의 자유정신이 공동선에 국한된 것이었는지? 예수가 자신의 존재 밑바닥까지 이르러 체험한 자유도 공동선에서 기인한 것인지? 공동선을 하나님의 뜻과 동일시한 것인지는 정확히 알 수야 없지만 매우 음미해 볼 글이다. 특히 코로나19 전염병 바이러스가 인류를 덮친 올해 더욱 생각하게 한다. 놀런의 주장을 나름 요약하자면 이렇다.

공동선이란 온 인류 가족이나, 전체 생명 공동체, 광활하게 펼쳐진 전체 우주를 위해 가장 좋은 것을 의미한다. 우리는 격리된 개인이 아니다. 우리는 큰 전체의 부분이며 부분들의 현존 자체를 결정짓는 전체다. 한 부분은 전체의 선을 위해 존재한다.

예수는 공동선을 하나님의 뜻과 동일시하여 말했다. 하나님은 우리 모두와 온 우주의 최선을 원하시는데, 예수와 하나님의 바라시는 것 사이에 충돌이란 없었다. 그것이야말로 참자유다. 근원적 자유는 공동선을 위해 일하는 자유이며, 하나님 하시는 일에 기꺼이 창조적으로 참여하는 것이라고 말할 수 있다.

예수가 자신의 존재 밑바닥까지 이르러 체험한 것도 자유였다. 그 자유는 예수가 제자들에게 추구하도록 촉구한 것이자 오늘날 혼돈의 위기에 휘둘리는 우리에게 도전하는 것이기도 하다. 예수는 놀라우리만치 자유로웠다. 근원적 자유는 예수에게서 두려움을 완전히 거두어 갔다.

예수는 아무도 두려워하지 않았다. 예수는 하나님 나라를 위해 제 생명을 포기했고 죽음에도 자유로웠다. 예수는 그 어느 것에도, 누구에게도 매이지 않았으며, 제 목숨이나 선교 사명의 성취마저도 그를 어쩌지 못했다. 하나님을 향한 신뢰가 무한했기에 자신은 끝없이 자유롭다는 것을 예수는 알고 있었다.

비움의 기독론

예수의 생애는 어찌 보면 석가 붓다가 말한 자기를 비우는 일로 일관되었다. 하나님을 위하여 인간을 위하여 자기를 내어 주고 마침내는 십자가에 달리기까지 했으니까. 입증된 것은 아니지만 나사렛 동네 동갑내기 친구일 수도 있는 사도 바울도 예수를 소개하면서 '그가 비웠다'라는 점을 강조했다.

이런 관점으로 사람의 아들 예수를 또 기독교를 바라보는 것이 '비움의 기독론(Kenotic Christology)'이다. 이는 기독교가 불교와 모두 같다고 할 수 없겠지만 '비운다'라는 측면에서는 붓다가 전한 가르침과도 예수의 가르침이 크게 다르지 않아 보인다.

기독교에서도 나와 관련된 기대, 필요, 소원 등은 모두 사람의 의식구조에 영향을 주어 사물의 실상이나 하나님 말씀을 그대로 보고 듣지 못하게 하는 것이 사실이니까. 이런 것들을 점점 줄여 가는 과정 이것이 소위 사는 연습이요 기독교에서도 영적 훈련이다.

동서양을 막론하고 진리를 깨달았다는 성인들 대강의 말씀도 이것이고, 고인이 된 법정 스님 또한 산골 오두막 두 개의 찻잔을 한 개로 줄이지 않았는가. 그러므로 하나님을 사랑한다는 것 또한 전적으로 '나를 비우는 일'이다.

역설 같지만, 하나님을 사랑하는 것은 엄밀히 말하자면 하나님을 위한 것이 아니다. 나를 비우는 훈련을 하도록 하나님이 마련해 준 처방이요 은혜다. 비로소 마음을 비웠을 때 사랑의 초점이 자기에게서 이웃으로 하나님으로 옮겨 가고, 결국 궁극에 이르러 최고의 가치를 부여할 줄 알게 된다.

예수의 관심

예수는 다른 사람이 못 보던 것을 보고 있었다. 유다교의 외부보다 내부에 더 큰 압제와 착취 요인이 있음을 본 것이다. 로마에 반기를 들던 중류 계급 유다인들 자신이 오히려 가난하고 배우지 못한 가련한 사람들의 압제자였으니까.

당시 백성들은 로마인보다 오히려 율법학자, 바리사이, 사두가이, 젤로데 때문에 더 큰 고통을 겪어야 했다. 로마 압제에 대한 반항은 차라리 위선이었다. 참으로 문제가 되는 것은 압제 그것이지 이교도인 로마인들이 감히 하나님의 선민을 압제한다는 점이 아니었다.

압제의 근본 원인은 인간의 무자비에 있었다. 로마 압제에 원한을 품고 있다는 자기네 자신이 오히려 가난하고 가련한 사람들을 억누르고 있었다. 이 사실을 무시하는 사람들은 로마인보다 더하지는 않을망정 못지않게 무자비한 사람들이었다.

예수는 가난한 사람들과 죄인들의 어려움에 더 민감했다. 예수는 로마인들의 압제에서 바리사이와 사두가이(필경은 사실상 젤로데와 엣세네도 포함해서) 압제로 역점을 옮겨 놓은 것이다.

원수를 사랑함은 인간을 인간으로 받아들이면서 만인과 연대하는 삶이다. 예수가 성취하려던 혁명은 젤로데 또는 그 밖의 어느 누가 생각하던 것보다 훨씬 철저한 것이었다. 정치, 경제, 사회, 종교 할 것 없이 삶의 모든 분야에서 예수는 근본적으로 문제를 제기하였다. 한마디로 그 모두를 뒤집어엎는 혁명이었다.

하나님이 예수 안에 거한 방식

코로나19 바이러스 전염병이 세계적으로 창궐하고 있다. 자연과 우리 모두가 알게 모르게 실핏줄로 연결되어 있음을 실감하는 엄동설한이다. 나의 삶과 주변을 이모저모로 둘러보고 생각해 본다. 이 어려움과 고통을 잘 극복해 내는 겨울이기를 빈다.

하나님은 예수 안에서 어떤 방식으로 거하셨을까? 그동안 나의 오랜 질문이기도 했고 궁금증이기도 했다. 영성 깊은 모새골(교회) 강치원 목사 설교에서 그 실마리를 찾았다. 오늘은 그의 설교 내용 일부를 상고해 본다. 그리고 안으로 안으로만 침잠(沈潛)하려고 했던 내가 이젠 밖으로 세상으로 나아가려는 필요가 떠오르고 다짐도 해 본다. 깨어 있는 그리스도인들에게 주는 교훈이 사뭇 크다.

강치원 목사는 그렇게 말하고 있다. 하나님의 존재는 '되어 감' 속에도 있다고. 여기서 '되어 감'은 어떤 일이 되어 가는 과정이 아니라 존재의 한 양식을 의미한다. 다시 말해 하나님께서 예수 그리스도 안에 어떻게 존재하는가 하는 존재의 한 방식을 의미한다.

존재의 방식 중에는 세상으로 밖으로 드러나는 방식이 있다. 하나님의 존재 자체에는 하나님이 만물과 화해하기 위한 밖으로 나가고 밖에서 이루어지는 되어 감이 포함되어 있다. 그것이 바로 성자 하나님의 성육신이요 십자가에서의 죽음이요 예수의 부활이다.

하나님을 만나기 위해 내면으로만 들어가는 자는 삼위일체 하나님을 만나지 못한다. 내면에 거하시는 하나님을 삼위일체적으로 만나기 위해서는 우리는 또한 밖으로 나가야 한다. 예수의 가르침과 성경의 말씀에 의하면 존재 추구는 필연적 행위 추구로 나아간다. 행위 추구는 존재 추구의 당연한 귀결이다. 이 둘은 구별도 되지만 분리되지 않는 하나의 삶의 방식이다.

4부 하나님의 정원

정원의 아름다움은 다양한 꽃들이 피고 지며 부단히 변화하는 모습에
서 형성된다. 예나 지금이나 미래에도 하나님께서는 하나의 아름다운
정원을 가꾸신다. 하나님의 나라는 하나님의 정원이다.

그 전능하신 분의 정원에서 우리는 한 송이 꽃들이다. 물론 나 하나의
꽃으로 정원의 아름다움이 결정되는 것은 아니지만 내가 어느 곳의
어떤 꽃인가에 따라 정원의 모습은 조금은 달라질 것이다.

가장 높은 신앙

요 며칠 사이 새벽에 내린 비와 겨울 기온 하강을 틈타 산속과 거리의 나무들은 이파리를 깨끗하게 떨구었다. 부는 바람에 나무들은 더 서늘해 보인다. 나도 나이가 들수록 하루가 빠르게 지남을 느낀다. 한 달도 일년도, 나의 삶도. 늦은 밤 잠자리에 들 때면 문득 두려움이 몰려올 때가 있지만, 그래도 나는 하나님 은혜로 오늘을 산다.

하나님을 요란스럽게 찬양하고 예배하는 신앙인들이 있다. 친이예지 (親而譽之) 신앙이라 하겠다. 꼬집자면 하나님을 두려워하는 것보다야 낫지만 차원 높은 신앙은 못 된다. 알고 보면 예수는 세상에서 겉으로 찬양하고 의식으로 예배하는 모습을 전혀 보이지 않았다. 예수는 골방이 아니면 산속에 들어가 혼자서 기도하였다. 회당이나 언덕이나 거리에서 제자들과 찬송을 부르거나 기도를 인도한 적도 없다.

이승의 계절 코끝의 호흡 들숨과 날숨 사이에 생각이 꽃피고 정신이 여물어야지, 인사치레 기도와 찬송, 자기최면에 익숙한 긴장과 감사, 거짓의 예배는 이제 그만해야 한다. 가난한 마음을 사는 일상이 거룩하고 산 예배다. 진실로 향기로운 하나님 경배이다.

예수는 오늘날의 화려한 교회 건물 예배당에서 복음을 전하지도 찬송을 들은 것도 아니다. 사실 예수가 사람들에게 복음을 전했던 갈릴리 호수 주변의 풀 섶 언덕이나 가버나움의 동네, 예루살렘의 골목과 물 긷는 어귀를 걷다 보면 저절로 눈물이 흐른다. 동화작가 권정생 선생의 말처럼 예수는 우리와 같은 인간으로 이 세상에서 살았다.

언제 어디서 살았든 간에 다만 살았다는 것, 그가 짧은 일생을 사람답게 살았다는 그것만으로도 우리는 예수가 필요한 것이다. 가장 위의 신앙, 가장 높은 신앙이란, 남이 모르게 종교 냄새를 풍기지 않으면서 하나님의 얼(성령)을 마음에 품고 하나님의 뜻을 좇아 살아가는 것이다. 하나님은 이러한 사람을 찾으시고 기뻐하신다.

예수는 이렇게 말하였다. "바람은 제가 불고 싶은 대로 분다. 너는 그 소리를 듣고도 어디서 불어와서 어디로 가는지를 모른다. 성령으로 난 사람은 누구든지 이와 마찬가지다(요한 3:8)." 하나님은 계시는지 모르게 없이 계시는 분이다. 그러므로 하나님을 믿는 것도 겉으로 보이기 위해 믿지 말고 속으로 정성껏 받들어야 한다.

독서의 즐거움

서기 2020년이 채 20여 일 남았다. 세계를 덮친 코로나19 전염병 바이러스로 인류는 고통스러워하고 있고 정신적 우울이 넓게 퍼지고 있다. 이런 때일수록 독서의 중요함을 새삼 느낀다. 중국 역사상 가장 독특하고 기이한 개성의 소유자 이지(李贄, 1527~1602)가 70세 무렵 마성의 용호라는 곳에 은거하며 〈독서락(讀書樂)〉이라는 시를 남겼는데 이렇게 되어 있다.

하늘이 용호를 낳아 탁오(이지의 호)를 기다렸고, 하늘이 탁오를 낳아 용호에 살게 했다. 용호와 탁오는 그 즐거움 어떠할까? 사시사철 책만 보고 다른 것은 전혀 몰랐다. 독서하면 어떠한가?

나는 만나는 것이 많았다. 일단 마음과 만나면 저절로 웃고 저절로 노래하여, 노래와 읊조림이 그치지 않고 외침으로 이어졌다. 통곡하고 소리치며 눈물이 줄줄 흘렀다. 노래한 것은 책 속에 사람이 있어 그 사람을 보면 실로 내 마음을 사로잡는다. 통곡한 것은 텅 빈 호수에 사람이 없어 그 사람 아직 만나지 못해 실로 내 마음 애태운다.

어떤 이는 책을 버려두고 읽지 말지어다. 높은 집에 묶어 둘지어다. 성정을 편안하게 하고 정신을 기를지어다. 노래를 그만하고 통곡을 그칠지어다. 왜 꼭 책을 읽어야 즐겁겠나? 하여, 이런 말을 잠깐 듣고 고민하기도 했지만, 책을 묶어만 놓고 읽지 않으면 내 어찌 즐거우랴? 성정을 편안하게 하고 정신을 기르는 것이 바로 이 안에 있다.

세계는 얼마나 좁으며, 네모난 책은 얼마나 넓은가! 천만 성현이 자네와 무슨 억울한 사정이 있는가! 몸은 있으나 묵을 집 없고, 머리가 있으되 머리카락 없는 이 몸, 죽는 것이 이 몸이요, 썩는 것이 이 뼈다귀라. 이것만이 홀로 불후하니, 이 세상 다하기까지 함께하고 싶다.

수풀에 기대어 휘파람 불자니, 그 소리에 숲과 새가 화들짝 놀란다. 노래와 곡이 서로 뒤따라 그 즐거움이 끝이 없다. 촌음도 아쉬운데 어찌 감히 조용하리오!

자연인 예수와 그리스도의 예수

나는 요즘 연세대학교 철학과 명예교수인 김형석 선생의 저서《어떻게 믿을 것인가》를 재삼 읽고 있다. 100세 나이에도 그가 우리에게 전하고픈, 어쩌면 그의 마지막 강의가 될지 모를 그의 글을 읽으며 작금의 나라와 세태를 바라보면 글이 주는 울림이 크다.

김형석 교수는 몸도 허약해 어릴 때부터 수없이 죽을 고비를 만났고, 또 해방과 6.25 전쟁을 겪으며 민족의 아픔과 반목을 목도했다. 그리고 전쟁을 몸소 체험하고 동서양 철학을 섭렵해 그리스도인이 된 분이라 그의 글을 읽으면 살아 있는 철학과 그리스도를 어렵지 않게 만날 수 있다.

책 속에는 수차례 죽음을 넘겼던 자신의 신앙 체험을 빗대어 예수의 부활을 알기 쉽게 전해 주는 부분이 있다. 예수의 부활 사건을 새로운 국면에서 생각해 보게 하는 글이다. 사람의 아들로서 예수와, 변화된 그리스도로서 예수와 궁극적으로 하나님 아들로서의 예수를 구분해 생각해 보는 일도 성숙한 그리스도인의 자세다. 나름 그의 글에 해석을 붙여 상고하면 이렇다.

신앙의 체험은 종말론적인 것이다. 예수의 부활은 인간 예수와 더불어 있던 자연인 또는 세상에 속한 사람 예수의 삶이 끝나고, 정신인 및 신앙인 예수의 자아가 그리스도와 더불어 새 출발을 한 것이다. 그 삶은 정신인 예수가 신앙인 예수가 그리스도와 하나가 되는 새로운 삶을 의미한다. 한마디로 과거와 나는 끝나고 장래의 자아가 영원의 장인 현재에서 시작함을 의미한다.

그래서 예수는 사람의 아들이 악의 세력에게 죽임당하고 사흘 만에 부활할 것이라고 말했다. 골고다 언덕의 십자가에서는 자연인 예수로서의 자아는 죽고, 정신인 신앙인 그리스도로서의 자아가 새로이 탄생되는 것이다. 지나온 예수의 삶은 제자들과 더불어 이루어진 세상의 것이었으며 자연인의 것이었다. 그 삶이 끝나고 새로이 탄생되는 그리스도 삶은 고난과 죽음을 극복하는 과업으로 이루어진다.

구체적인 사건은 예루살렘에서 벌어질 예정이었다. 그래서 자연인 예수 자기는 죽음과 종말을 향한 고난의 길을 택해 가야 한다고 누누이 말했던 것이다. 그것이 하나님의 뜻과 하늘나라가 이루어지는 불가결의 되어져 가는 과정이었고, 자연인 예수가 아닌 정신인 신앙인 그리스도로 태어나는 하나님의 경륜이었다.

전지전능 하나님 자신이기도 한 예수를 십자가 사건을 전후로, 자연인 예수와 그리스도 예수로 나누어 살펴보니 가히 충격적이신가. 성숙한 그리스도인이라면 그렇게도 생각해 보아야 하지 않을까. 고백하건대 내가 믿고 의지하는 나사렛 예수는 생명이다. 그리스도는 죽을 수 없고, 무덤 속 예수를 살리는 건 바로 나요 우리다. 내가 예수 안에서 살면 예수는 비로소 내 안에서 우리 안에서 영원히 산다. 이젠 골고다 언덕의 무덤가를 더 이상 서성일 필요는 없다.

세례 요한이 큰 자인 이유

성경에 등장하는 인물 중 예수로부터 세례 요한만큼이나 극찬을 받은 사람은 없다. 예수는 그를 여자가 낳은 자 중에 가장 큰 자라고 말씀하셨으니까. 그런데 세례 요한의 생애를 보면 그런 평가에 고개가 갸웃해진다. 세례 요한은 늙은 부모 사이 태어난 외동아들이었다. 30세가 되도록 광야 생활을 했고 포도주를 입에 대지 않았으며 결혼을 하지 않았다.

삼십 대 초반 이스라엘 백성이 주목하는 위대한 선지자 반열에 올랐으나 일 년 남짓 혜성처럼 나타났다가 초라하게 사라졌다. 그의 마지막은 너무나 비참했다. 헤롯의 부도덕함을 직설로 나무라다가 투옥되어, 얼마 후 간교한 헤로디아에 의해 목이 베여 그의 머리가 소반에 담겨 나오자 당시 연회장 사람들의 구경거리가 되었다.

이 같은 그의 생애를 놓고 예수는 왜 여자가 낳은 자 중에 가장 큰 자라고 하셨을까? 사실 예수가 복음을 전파하기 시작했을 때 당시 세례 요한의 인기는 예수보다 훨씬 대단했다. "회개하라 천국이 가까웠느니라." 하는 그의 외침에 양심이 찔려 누구나가 견딜 수 없이 괴로워했고, 수다한 사람이 죄를 고백하고 요한에게 나아와 물로 세례를 받았다.

당시 세례 요한은 이스라엘의 정신적 지도자로 모든 사람의 시선을 한 몸에 받고 있었다. 헤롯 왕도 그의 입에서 나오는 한마디 한마디에 귀를 기울여야 했다. 바로 이런 최고의 전성기에 나사렛 출신 예수가 등장한 것이다. 처음 한두 달은 사람들 눈에 세례 요한이나 예수나 별 구별이 없었다. 두 분 사역이 비슷했기 때문이다.

세례 요한은 "회개하라 천국이 가까웠느니라." 외쳤고, 예수는 "하나님의 나라가 가까웠으니 회개하라."라고 외쳤다. 세례 요한은 물로 세례를 주었고 예수도 그의 제자들이 행한 것이기는 하지만 물로 세례를 주었다. 그런데 얼마가 지나자 사람들은 두 인물을 비교하기 시작했다. 둘 중 누가 진짜 메시아인가를 놓고 토론이 벌어졌고 다툼도 일어나더니, 마침내 세례 요한 주변에 사람 발길이 뜸해졌고 사람들은 예수 주변으로 몰리기 시작했다.

이 광경을 듣고 목격하고서 가장 가슴 아파한 사람은 요한의 제자들이었다. 성경에 보면 이렇게 적혀 있다. "랍비여 선생님과 함께 요단강 저편에 있던 자 곧 선생님이 증거하시던 자가 세례를 주매 사람이 다 그에게로 가더이다." 이 말은 스승 요한의 마음을 확 긁는 소리다.

아마도 제자들은 자기 선생에 대한 존경과 사랑이 클수록 예수에 대한 감정이 좋지 않았을 것이다. 자기 선생이 하루아침에 사람들 관심 밖으로 밀려나는 것을 보고 너무 괴로웠을 것이고, 혜성처럼 나타나 백성의 존경과 신망을 한 몸에 받는 예수를 향해서는 분명 시기와 질투를 하지 않을 수 없었을 것이다.

대게 이런 상황이 벌어지면 난감해지는 건 지도자다. 이럴 때 지도자가 어떤 태도 취하느냐가 중요한데, 그 태도가 지도자 됨됨이를 재어볼 잣대가 되기 때문이다. 이 점에서 예수님의 세례 요한에 대한 평가는 과장된 것이 아니라는 사실을 알 수 있다. 요한의 제자들이 어느 날 스승 요한에게 말하기를 모든 사람이 예수에게 간다고 하자 이에 요한이 "만일 하늘에서 주신 바 아니면 사람이 아무것도 받을 수 없느니라." 대답했다.

이 말의 뜻은 예수는 하나님이 주신 만큼 일할 수 있고, 하나님이 높이신 만큼 높아질 수 있다는 것이다. 그리고 하나님이 주시지 않으면 아무도 받을 수 없으며 그것을 쓸 수 없다는 것이다. 세례 요한은 이 진리를 자신에게 그대로 적용을 했다.

성경에는 이렇게 기록되어 있다. "나의 말한 바 나는 그리스도가 아니요, 그의 앞에 보내심을 받은 자라고 한 것을 증거 할 자는 너희니라." 이를 재해석하자면, 세례 요한 나는 하나님이 내게 맡기신 것은 작은 소리의 역할이다. 이것이 하나님이 내게 주신 귀중한 소명이라는 것이다.

당시 세례 요한은 마음만 먹으면 자신을 메시아로 착각하거나 주장할 수 있는 환경이고 상황이었다. 하지만 그는 그렇게 하지 않았다. 하나님이 서 있으라고 명한 자리에서 벗어나지 않았다. 그 자리가 낮으나 높으나 인기가 있으나 없으나 요한에게는 일고의 가치가 없는 일이었다.

당시 경력을 보아서도 세례 요한은 예수보다 앞선다. 예수는 삼십 세가 되도록 먼지를 뒤집어쓰며 대패질하던 목수였지만, 세례 요한은 이십 년이 넘도록 광야에서 거룩한 수도 생활을 했기에, 세례 요한이 사람들에게 더 큰 관심을 받고 매력적인 인물이었다. 하지만 세례 요한은 하나님으로부터 받은 자신의 분수 이상의 것을 욕심내지 않았다.

사람들로부터 잊혀질지라도 자신의 모습이 작아지더라도 또 제자들이 자기 곁을 떠나도 섭섭해하거나 원망하지 않았다. 자신이 누구인지 정확히 아는 사람은 매우 큰 인물이라고 할 수 있다. 자기 분수가 무엇인가를 아는 것이야말로 지혜 중에도 지혜가 아닐 수 없다. 이런 지혜가 있는 사람은 자기 몸에 맞지 않는 옷을 탐내지도 시기하지도 경쟁하지도 않는다.

하나님 내시는 길

기도하는 사람에게는 하나님이 내시는 길이 있다. 그 길이 우리가 생각하는 길이 아닐 수 있지만, 그러나 하나님 내시는 길이 최고의 길이다. 나 또한 하나님이 내신 길을 걷고 싶고, 걷다가 하나님 앞에 이르기를 소망한다. 그런데 기도한다고 하나님 내시는 길이 쉬이 보이는 것은 아니다.

믿음의 선조들은 우리가 진실하고 겸손하게 기도하는 순간 하나님이 들으시고 그때부터 기도드린 그 일에 하나님이 손대기 시작하신다고 가르쳐 주었다. 그러니 말이 많거나 생각이 깊거나 특정한 사고방식을 따르지 않아도 된다. 하나님의 임재 안에 거하면서 진실하고 겸손하게 아뢰는 것이 중요하다. 하나님은 언제나 우리가 있는 곳에 계시며 기도는 하나님을 현재 속에서 만나는 최고의 방법이기 때문이다.

기도드리기 위해 부러 적당한 장소나 시간을 기다릴 필요는 없다. 걸어가며 기도해도 그분은 들으시기 때문이다. 불교에서도 진정한 기도란 욕망의 불덩어리 내려놓는 것이지 불상 앞에서 무릎 아프게 절을 할 필요가 없다고 가르치고, 가톨릭에서도 큰 소리로 기도하지 말라고 중언부언하다 보면 기도의 길을 잃게 된다고 하였다.

얼마 전 프랑스 리그앙 올림피크리옹 소속의 프로축구선수이자 네덜란드 국가대표이기도 한 26세의 '데파이'는 세계적 명문 구단인 스페인 바르셀로나 진출이 좌절되자 이런 성숙한 말을 했다. "내 인생에 일어나는 일들이 이유가 있다고 생각한다. 일어나야 할 일이라면 일어날 것이다." 인생에서도 기도하는 자에게 일어나는 일에는 이유가 있고 일어나야 할 일이라면 일어날 것이다.

나의 경우는 고비마다 하나님 내신 길에 들어선 것인지를 분간하기 어려웠다. 고백하자면 너무도 미세한 순간이고 일들이었다. 당시에는 어찌할 바 모르며 절망에 겨워 걷고 걸었는데 세월이 흐른 어느 날에 뒤를 돌아보니 그 길은 하나님이 내신 길이었다. 그 길에 하나님의 보호와 인도하심이 있었음을 알게 되었다. 기도하는 사람은 지금은 안 보일지라도 그분이 내시는 길을 걷고 있다.

또 믿음의 선조들은 말하기를 "기도란 모든 것을 맡기는 것이다. 그럴 때 하나님이 내시는 길을 볼 수 있다. 그분이 내시는 길은 고요한 평화가 넘치는 특징이 있다."라고 말한다. 다음은 인도의 선교사 스텐리 존스의 고백이다. "기도 중, 한 음성이 들려왔습니다. 내가 너에게 준 사명을 수행할 준비가 되었느냐?" "아닙니다. 주여, 저는 이제 끝났습니다. 저는 벼랑 끝에 있습니다."

이렇게 대답하자, 다시 음성이 들려왔습니다. "네가 아무 걱정 하지 않고 나에게 모든 것을 맡긴다면, 내가 모든 것을 알아서 하겠다." 곧바로 나는 대답하였습니다. "주여, 그렇게 하겠습니다." "그러자 마음에 고요한 평화가 넘쳤습니다. 이제 고통이 끝나가고 있음을 알았습니다. 생명이, 아주 풍요로운 생명이 차고 넘쳤습니다."

하나님 내시는 길을 보려면 기도하면서 또한 기다리는 것이다. 키에르케고르는 "내 기도가 더 깊어지고, 더 내면으로 들어갈 때, 나는 더 적게 말해야 했다. 마지막엔 완전히 말이 없게 되었다. 나는 듣는 자가 되었다. 기도는 자기가 말하는 것을 듣는 것이 아니다. 기도는 침묵하게 되는 것이고, 침묵하는 것이고, 하나님을 듣기까지 기다리는 것이다."

또 우리를 도우시는 손길이 곁에 있다. 故 하용조 목사는 기도란 우리만이 하는 것이 아니라며 이렇게 전하고 떠났다. "예수님은 하나님 우편에서 우리를 위해 기도하십니다. 내 안에서는 성령님이 기도하십니다. 나 한 사람을 위해 예수님이 성령님이 기도하신다는 사실이 얼마나 감격스럽고 놀라운지요. 그리고 얼마나 많은 위로와 용기를 주는지요."

오늘 이 시간은 기도하기에 가장 좋은 순간이다. 나의 삶은 주님의 삶에 포함되어 있고 나의 문제는 주님의 문제이기도 하다. 그러니 주님은 나 몰라라 하실 수 없는 것이다. 하나님 내시는 길을 보기까지 진실하고 겸손한 기도로 이 세상 폭류(暴流)의 강을 잘 건너시길 빈다.

두 사람의 마지막 글

동화작가 권정생 선생이 작고하기 직전에 쓴, 그의 유언이 된 마지막 글이 있다. 그의 세상에서의 마지막 글은 그가 의인으로 지목했던 정호경 신부에게 보낸 서신인데 다음과 같다.

> 정호경 신부님, 마지막 글입니다. 제가 숨이 지거든 각각 적어놓은 대로 부탁드립니다. 3월 12일부터 갑자기 콩팥에서 피가 쏟아져 나왔습니다. 뭉툭한 송곳으로 찌르는 듯한 통증이 계속되었습니다. 지난날에도 가끔 피고름이 쏟아지고 늘 고통스러웠지만, 이번에는 아주 다릅니다. 1초도 참기 힘들어 끝이 났으면 싶은데 그것도 마음대로 안 됩니다.
>
> 하느님께 기도해 주세요. 제발 이 세상, 너무도 아름다운 세상에서 사람이 사람을 죽이는 일은 없게 해 달라고요. 제 예금통장 다 정리되면 나머지는 북측 굶주리는 아이들에게 보내 주세요. 제발 그만 싸우고, 그만 미워하고 따뜻하게 통일이 되어 함께 살도록 해 주십시오. 중동, 아프리카, 그리고 티베트 아이들은 앞으로 어떻게 하지요. 기도 많이 해 주세요. 안녕히 계십시오.

권정생 선생의 마지막 글을 읽었으니 그러면 2012년 71세로 선종한 故
정호경 신부의 글을 한 편 소개한다. 이분은 1970년대 군사정권 시절
농민운동과 민주화운동에 헌신했던 분이다. 44년간 천주교 안동교구
에서 사제로 힘없고 나약했던 농민들을 위해 힘이 돼 주었고, 손수 농
사를 지으면서 그들의 아픔에 함께하는 예수 그리스도의 삶을 실천하
며 살았다. 안동 일직면에서 사는 권정생 선생과 교류하였다.

주님! 언제까지 저를 잊고 계시렵니까? 언제까지 저에
게서 얼굴을 돌리고 계시렵니까? 언제까지 제가 밤낮 피
눈물을 흘려야 합니까? 저를 고문하며 이 지경에 이르게
만든 자들이 우쭐거리는 꼴을 언제까지 봐야 합니까?

주님, 제발 저를 기억해 주십시오. 제발 저에게 얼굴을
돌려 주십시오. 제발 저에게 응답해 주십시오. 몸은 망
가지고 마음마저 지쳤습니다. 병이 깊어져 눈마저 흐려
지고 판단력마저 흐려졌습니다. 믿음도 바람 앞의 등불
처럼 흔들거립니다.

한때 저를 걱정해 주던 이웃들도 저를 잊은 지 오래되었
고 이승에서는 의지할 만한 가족도 하나 없으며 가진 돈
도 하나 없습니다. 이승에서는 저의 무죄를 믿어 줄 자
하나 없습니다. 저는 사막의 외로움 속에서 주님 당신만

을 바라봅니다. 이대로 가다가는 곧 죽을 것 같습니다.

그러면 저를 이 지경에 이르게 만든 자들은 한 가닥 남아 있을지도 모를 마음속 찝찝함마저 털어 버리고 좋아라, 날뛰게 되겠지요! 주님! 부디 가련한 저를 살려 주십시오. 시들어 가는 제 육신의 건강을 회복해 주시고 흐려져 가는 제 영혼의 믿음을 굳세게 해 주십시오.

그리고 주님! 불의한 자들이 날뛰지 못하게 해 주십시오. 저는 진실과 사랑의 승리를 믿습니다. 사랑이신 주님! 저는 주님 사랑만을 믿고 이 생명 건져 주실 줄 바라며 기뻐합니다.

지난날을 뒤돌아보면 결국 모든 게 당신 은총이었음을 확인하며 당신께 감사와 찬양의 노래를 부르게 됩니다. 뼈저린 아픔과 외로움 속에서도 주님 당신께 기도할 수 있어서 참 고맙습니다. 아멘, 아멘, 아멘.

들어주시는 경우

예수님은 무슨 일을 거절하다가도 들어주시는 경우가 있다. 성경에 두 가지 사례가 있다. 하나는 가나의 혼인 잔치 포도주 사건이다. 그때 예수님과 제자들도 어머니 마리아와 함께 잔치에 초대되었다. 당시 혼인 잔치는 주로 수요일에 하는데 낮에는 잔치를 벌이고 저녁 늦게 혼인식을 했다. 부잣집 경우는 잔치를 수일 동안 했다.

외경에는 잔칫집이 예수의 어머니 마리아의 여동생 살로메 집으로, 또 잔치 주인공 신랑은 공관복음서인 요한복음을 기록한 요한 자신이었다고 말하고 있다. 이런 기록이 사실에 가깝지 않을까 생각한다. 왜냐면 예수님과 마리아 그리고 예수님의 제자들이 잔치에 초청된 것과 당시 혼인 잔치에서 가장 중요한 음식이었던 우리나라 잔치에 식혜 같은 포도주가 떨어진 것을 제 일처럼 확인하고 걱정하며 예수님께 도움을 요청한 사실을 볼 때 그렇게 생각된다.

여하튼 예수의 어머니 마리아는 급했는지 고민하다가 예수님을 찾아가 포도주가 떨어진 자초지종을 이야기했다. 어머니 말을 들은 예수님은 우리가 이해하기 어려운 대답을 이렇게 한다. "여자여 나와 무슨 상관이 있나이까? 내 때가 아직 이르지 못하였나이다." 아마도 이 대답은 그때만 해도 예수님이 복음 사역을 본격적으로 시작하기 전이라서, 아직 어떤 표적도 행하신 일이 없었기 때문이 아닌가 싶다.

우리 해석으로는 예수님이 어머니 마리아의 청을 에둘러서 거절하신 것이다. 그럼에도 마리아는 무슨 영문인지 대답을 거절로 받아들이지 않고, 오히려 하인을 향해 예수님이 시키는 대로 하라고 말했다. 그 말을 예수님이 들으시게 했는지 모르겠지만, 여하튼 그때 마리아는 예수님의 대답에서 무엇을 발견했던 것일까. 또 무엇을 믿었던 것일까.

조금 후 예수님은 하인들을 불러서 마당 구석에 놓여 있는 여섯 개의 돌 항아리에 물을 가득 채우라고 하셨다. 물이 가득 채워지자 떠서 잔치를 책임지고 있는 연회장에게 갖다주라고 하셨다. 어머니 마리아의 청을 거절했다가 들어주신 것이다.

또 다른 사례는 마가복음 7장에 더러운 귀신 들린 어린 딸을 고쳐 달라고, 헬라인이요 수로보니게 한 여자가, 두로 지방 한 집에 들어가 아무도 모르게 조용히 쉬려고 하는 예수님을 막무가내 찾아왔다. 그런데 예수님은 그 여자를 아주 매정하게 대하셨다.

그때 예수님은 유대 나라에도 병든 사람이 많은데 그들을 먼저 고치지 않고 어떻게 이방 여인의 아이를 고쳐 주느냐고 말씀하셨다. 이에 더해 빵을 아이에게 주기 전 개한테 던지는 것은 옳지 않다며 마치 여자의 요청을 개에 비유하면서까지 여자의 청을 매정하게 거절하셨다.

그럼에도 여자는 조금도 물러서지 않고 이렇게 대꾸한다. "주여, 옳소이다마는 상 아래 있는 개들도 아이들이 먹던 부스러기를 먹나이다." 그러자 예수님은 "이 말을 하였으니 돌아가라. 귀신이 네 딸에게서 나갔느니라." 하시며 그녀의 청을 들어주셨다. 이 두 사례를 볼 때에 예수님은 마음 약한 분임에 틀림이 없다.

신의 초월성과 인간의 자기 결정

이 우주, 우리 은하, 태양계의 푸르고 창백한 별 지구의 지상에서, 기원후 1861년 2월 15일에 태어나 1947년 12월 30일까지 살았던 20세기를 대표하는 철학자요 수학자의 한 사람인 영국의 '알프레드 노스 화이트헤드'의 신관을 읽었다. 한마디로 그의 신관은 신과 인간이 밀접하게 연관된 유기체적 신관이다. 그동안 한국 기독교가 멀리 타자로서의 하나님을 가르쳐 온 것을 상기하면 화이트헤드의 신관은 매우 충격적이며 시사하는 바가 크다.

그는 이 세상을 신의 초월적 창조성과 인간의 삶 사이에 서로 내재적 응답성이 공존하는 양극적 본성을 지니고 있다고 보고 있다. 조금 쉽게 표현하자면 이 우주는 신과 세계가 서로에게 영향을 주며 새로운 가치를 함께 만들어 가는 궁극적인 지평으로 보고 있다. 이러한 그의 신관에 대해 나는 동의하지 않을 수 없다.

화이트헤드의 신관은 신을 정적(靜的)인 실재인 '존재(Being)'로 보는 전통 기독교 신관과는 거리가 있다. 또 플라톤에서 근대에 이르기까지의 철학이 주로 인간의 이성(理性)을 우위에 두려는 인간 중심적인 이분법적 태도의 철학으로부터 벗어난 것이기도 하다.

예를 들어 플라톤은 인간의 '선의 이데아'를 최고의 가치라 주장했고, 아리스토텔레스는 인간을 '이성적 동물'로, 데카르트는 인간을 '생각하는 존재'로, 하이데거는 참된 존재는 죽음과 시간 속에 던져진 존재라는 것을 '자각하는 인간'이라고 한 것과도 다르다.

그동안 나를 비롯해 대다수 지식인과 종교인들이 이런 이분법적 태도의 철학과, 또 신과 인간이 분리된 이원론적 신관을 맹목적으로 배워 왔고 또 교육을 받아 온 것이라 쉬이 받아들이기 어려울 수 있다. 화이트헤드는 동적(動的)인 개념인 '형성(Becoming)'으로 이해하는 유기체적 과정 형이상학을 기초로 신과 인간세계의 관계를 이렇게 설명하고 있다.

이 세계와 유기적으로 관계를 맺는 신은 두 개의 축, 즉 정신적 축으로서의 '시원적 본성'과 물질적 축으로서의 '연관적 본성'을 갖고 있다. 무엇보다 먼저 신은 세계에서 일어날 수 있는 모든 가능성을 시원적으로 예견하고, 이 예견을 조화로움 가운데 유지하고 있다는 점에서 신으로서의 독특성을 지닌다.

그런데 이 조화로운 신적 예견은 세상의 변화를 통해 구현된다. 변화가 이루어진 곳은 세상이며 이는 신의 연관적 본성이기도 하다. 그런데 이 세상의 변화는 신의 의지가 일방적으로 실현되는 과정이 아니다. 세상의 변화는 신의 영향이기도 하지만, 또한 그것은 세상에 존재하는 것들이 자기 운명에 대해서 스스로 자유롭게 결정한 과정이기도 하다.

세상의 자기 결정이 있기에 거기에 세상의 창조성이 있고 과거에 없었던 새로움이 생겨난다. 이 새로움은 신의 연관적 본성으로 인해 신에게 다시 영향을 주게 되고, 신은 이 새로움을 자신의 신적 삶으로 영구히 받아들인다는 것이다.

이와 같은 화이트헤드의 신관을 우리는 이렇게 이야기할 수 있다. 신과 세계는 서로에게 내재하면서 또 서로를 초월한다. 그리고 신은 자기 존재를 위해 자기 이외의 존재를 필요로 하지 않는 방식으로 존재할 수 없다. 또 그렇게 존재한들 무슨 의미가 있겠는가? 건방진 생각일는지 하겠지만 어찌 생각하면 신은 세상에 의해 결정되고, 세상에 의해 제한을 받을 수밖에 없기에 신은 반드시 이 세상을 필요로 한다.

왜냐면 세상은 지나가는 그림자와 같은 사건들의 연속이면서, 종국적인 사실(Final fact)이며 신의 삶이고 역사이기에 그렇다. 신을 떠나 세상은 존재할 수 없는 것과 마찬가지로 우리 또한 세상을 떠나서는 신의 존재를 파악할 수 없기에도 그렇지 아니한가.

화이트헤드는 신에 대한 정의를 다음과 같이 규정하고 있다. 지금까지 그 어디에서도 이같이 대담한 주장을 접하기 어려웠다. 상고해 보시기 바란다. 여섯 가지로 다음과 같이 되어 있다. 첫째, 신이 영원하고(靜) 세계는 유동적(動)이라고 말한다면 이 세계야말로 靜(영원)하고 신이야말로 動(유동적)이라고 말해도 진리이다.

둘째, 신이 하나이고 이 세계를 다자(多者)라 한다면 이 세계야말로 하나이고 신이야말로 다자라고 말해도 타당하다. 셋째, 이 세상과 비교하여 신이 대단히 실제적이라 한다면 신과 비교하여 이 세상도 대단히 실제적이라고 말해도 진실이다.

넷째, 신이 이 세계에 내재하신다고 생각한다면 이 세계야말로 신에게 내재한다고 말해도 타당하다. 다섯째, 신이 이 세계를 초월한다면 이 세계야말로 신을 초월하여 있다고 말해도 타당하다. 여섯째, 신이 이 세계를 창조한다면 동시에 이 세계는 신을 창조한다고 말해도 진실이다.

삶과 죽음 너머의 고찰

1074년 소동파가 동향(同鄉)의 친구이자 승려였던 영락의 문장로의 죽음을 애통해하며 지은 시가 문집에 이렇게 전해 오고 있다. "세 차례 그의 집을 찾아왔는데, 늙었다가, 병들었다, 세상을 떠나셨네. 손가락 한 번 튕기는 짧은 순간에, 과거 현재 미래가 다 지나갔네." 손가락 한 번 튕기는 시간을 사는 짧은 인생이다.

해박한 유불선(儒佛仙) 지식을 바탕으로 서양의 기독교를 토착화해, 한국의 신학을 세계의 신학 반열에 올려놓은 다석 류영모 선생은 생전에 죽음에 대해 이렇게 말했다. "몸은 죽지만 얼(성령의 나)은 죽지 않는다. 얼은 영원한 생명이기 때문이다. 얼이 몸을 이겨야 성숙한 사람이다. 얼의 나가 세상을 이겼다는 것이 십자가다. 자기의 죽음을 지켜볼 수 있는 것이 얼이다. 자기의 죽음을 보고 미소 지을 수 있는 정신이 꽃핀 정신이다."

나는 사람이 죽을 때 급작스런 죽음이든 준비된 죽음이든지를 막론하고 스스로 죽음을 직감하고는, 아무리 짧은 순간일지라도 자기의 죽음을 지켜볼 수 있을 거라는 생각을 한다. 실제 나의 외할머니도 자식들 앉혀 놓고서 다리로부터 서서히 굳어져 오는 몸 상태를 이야기하며 돌아가셨다고 들었고, 또 병원에서 임종 직전 아버님 두 눈에 흐른 눈물을 상기해 보아도 그렇다.

석가 붓다는 이 죽음에 대해 육체가 살아서도 죽어서도 다시 태어나는 것이 있다고 말했다. 그런데 이 다시 태어나는 것은 내 인생에서 나였던 것과는 매우 다르다고 한다. 그것은 개체인 내가 사라지고 전체인 나를 찾았기 때문인데, 전체 속에 개체의 나는 사라지고 없기에 그렇다는 것이다. 석가 붓다는 아예 "나라는 개체의 태어남과 죽음 자체가 본래 없다."라고 말하고 있는 것이다.

기독교 전례에서도 나사렛 예수가 이런 말을 하였다. "내가 땅에서 들리면 모든 사람을 내게로 이끌겠노라." "내 아버지 집에는 거할 곳이 많다." 즉 사람은 죽음으로 끝나지 않고 사후의 삶은 변화될 것이며, 심판과 부활이 있을 거라는 말씀이다.

여기에서 변화된다는 것은 우리의 형상이 사후에 달라질 거라는 의미인데 이런 변화 속에는 이생에서 익숙한 것들과 연속성도 있을 테고 그렇지 않은 것도 있으리라고 나는 생각한다. 이런 변화에 대해 미국 유니언 신학대학원의 폴 틸리히 석좌교수인 폴 니터는 그런 변화를 이렇게 표현하고 있다.

나는 지금 존재하는 우리가 죽음 이후에 있게 될 우리를
알아볼 동일한 주체일 수 없다고 생각한다. 하나님을 인

격체 안에 가둘 수 없듯이 우리의 삶과 정체성은 변화될 것이다. 예전 그대로의 나로 존재하는 것도 아니지만 우리가 체험하는 나보다 훨씬 더 큰 무엇으로 지속한다.

또 삶과 죽음의 신비를 고이 간직해야만 한다. 나는 내가 죽은 후에, 우리가 죽은 후에 이 행성이 사라진 후에도 생명이 있으리라는 것을 신뢰한다. 노리치에 살았던 줄리안 말처럼 모든 것은 잘될 것이다.

그리고 독일의 가톨릭 신학자이자 예수회 수사이었던 칼 라너 또한 죽음의 신학에 대해 말하기를, 내세에서는 우리가 더는 물질적 몸의 제약에 얽매이지 않기 때문에, 우리의 의식이나 자각은 우리만의 것이 아닌 범우주적 존재일 것이다. 그것은 하나님이 우리를 당신 안에서 공유된 삶을 살도록 할 일종의 공유된 의식, 하나님과 더 깊은 상호 관계를 갖게 됨을 의미한다고 했다.

나는 칼 라너와 폴 니터의 말에 대해 전적으로 동의하는 것은 아니지만 나보다 훨씬 더 큰 무엇으로의 지속이나, 죽은 후에도 생명이 있으리라는 신뢰, 펼쳐질 하나님과 더 깊은 상호관계 등에 대해서는 공감하는 면이 크다. 죽음을 대하는 우리 삶의 자세는 어떠해야 하는 걸까? 또 죽음에 매이지 않고 두려움 없이 자유롭게 평화롭게 사는 방법은 무엇일까?

장자의 경우 그는 평소 죽음에 대해 다음처럼 생각하고 실천하며 살았다. "저 하느님이 나를 꼴(몸)에 실어 주었다. 내 힘써 살라! 내 늙어 평안하라! 내 죽어 쉬라! 내 삶을 잘해 주었으므로 이에 나의 죽음도 잘해 주시리라."라며 그는 삶과 죽음의 경계를 두지 않았다.

불교의 초기 경전《숫타니파타》에는 석가 붓다가 제자 캅파의 '죽음에 대한 질문'에 대한 대답이 이렇게 실려 있다. "사람이 내 것이라며 생각하는 물건 그것은 그 사람이 죽음으로써 잃게 된다. 나를 따르는 사람은 현명하게 이 이치를 깨달아, 내 것이라는 생각에 사로잡히지 말라. 캅파여, 어떤 소유도 없고 집착도 없고 취할 것도 없는 것, 이것이 바로 의지할 만한 섬이다. 그것을 열반이라고 한다. 그것은 늙음과 죽음의 소멸이다."라며 죽음을 소멸시키는 방법을 설하였다.

현존 최고의 승려 베트남 출신의 틱낫한 또한 "우리는 흔히 수명(壽命)을 태어나는 순간부터 삶이 시작되어 죽을 때 끝이 나는 일정한 길이와 개념이라는 생각은 잘못된 견해다. 이는 수명에 대한 수자상(壽者相)에 집착하는 것이다. 삶과 죽음은 하나다. 우리는 매 순간 태어나고 매 순간 죽는다. 하나의 수명 속에는 무수히 많은 삶과 죽음이 있다."라며 석가 붓다의 전언과 불교 전통을 수행을 통해 이어 오고 있다.

가톨릭의 영성 수사인 토머스 머튼은, 1965년 7월 어느 날의 일기에 죽음을 맞이하는 방법론을 이렇게 이야기하고 있다. "정직하게 죽음을 대면하면서 죽음에 대해 염려하지 않고, 믿음과 하느님에 대한 신뢰로 죽음을 맞이할 때 고독과 죽음의 그 충만함이 실현된다."

또 영국의 철학자 버트란드 러셀은 죽음의 두려움을 극복하는 방법을 우리에게 이렇게 남기고 떠났다. "행복한 사람은 자기 자신을 이 우주의 한 시민이라고 생각하여 우주의 아름다움과 기쁨을 마음껏 즐기며, 자기는 후대의 생명과 동떨어져 있지 않다고 느낀다. 그러므로 죽음에 대해서도 마음이 흔들리는 법이 없다. 이렇듯 생명의 줄기와 본능적으로 깊이 연결될 때 우리는 가장 큰 기쁨을 찾아볼 수 있다."

우리가 육체적 죽음 이후에 들어가는 또 다른 하나님의 나라는 우리가 상상하는 것만큼 화려하지 않을지도 모른다. 천국이 하나님의 나라가 아름다운 이유는 그곳에 하나님이 계시기 때문이다. 하나님 계신 곳이 하나님의 나라이며, 그분의 통치가 미치는 곳이 하나님 나라이다. 그래서 하나님 나라는 당신으로 인해 있기도 하고 없기도 하다 말할 수 있다.

하나님 아버지가 내 안에 또 내가 하나님 안에 거할 때 사실 그 어디에도 죽음이 끼어들 새는 없다. 인간은 마지막까지 성장을 한다. 죽어 가는 순간에도 이생에서의 마지막 성장을 한다. 삶의 최후 순간마저도 탐구이자 구도이며 배움의 연속이다. 우리는 실패투성이 인간이고 육체의 죽음을 피할 수 없는 운명이지만 인생에서 진정한 나를 찾아 살면은, 죽음은 이미 아무것도 아닌 것이 되고 만다.

성인사이트 접속과 성경의 간음죄

요즘 사람들의 성적 문란과 타락이 그리스도인을 비롯한 종교인은 물론, 정치지도자, 일반의 성인 그리고 자라나는 어린이와 청소년 사이에서도 아무렇지 않게 대수롭지 않은 일인 양, 심각한 지경에 이르렀다. 심지어는 종교 지도자들 가운데서도 성인사이트 접속을 아무렇지 않게 하고 주일이면 설교 강단에 선다.

성적 타락이 불러오는 하나님 진노의 역사가 성경에 기록되어 있음에도 우리는 여전히 이 핑계 저 핑계 하며 옛날처럼 성적 문란과 타락 행위를 반복하고 있다. 얼마 전 1회 독을 마친 이재철 목사 저, 《목사, 그리고 목사직》에는 어느 목사 사모의 편지에 답한 글이 이렇게 쓰여 있다.

> 이집트 노예살이에서 구원받은 이스라엘 백성이 시내 광야에 이르렀을 때 하나님께서 모세를 통해 그들에게 십계명을 내려 주셨는데, 그 십계명은 구원받은 이스라엘 백성이 하나님의 백성으로 준수해야 할 하나님의 명령인 동시에 윤리강령이다.

> 그 십계명의 제7계명과 제10계명이 '간음하지 말라.' '네 이웃의 집을 탐내지 말라 네 이웃의 아내나 그의 남종이

나 그의 여종이나 그의 소나 그의 나귀나 무릇 네 이웃의 소유를 탐내지 말라.'이다. 제10계명은 언뜻 남의 물건에 대해 탐심을 금하는 계명인 것처럼 보이지만, 탐내지 말아야 할 첫 대상이 바로 '네 이웃의 아내'이다. 이 계명의 방점 역시 '간음하지 말라'는 제7계명처럼 부정한 성적 행위에 찍혀 있다.

그리고 십계명 중 제1계명부터 제4계명까지 계명은 하나님과 사람의 관계에 대한 계명이고, 나머지 여섯 계명은 사람과 사람 관계에 대한 계명이다. 그런데 그 여섯 계명 가운데 놀랍게도 두 계명이 부정한 성적 행위에 대한 경고다. 즉 인간관계 계명 가운데 33.3퍼센트가 부정한 성적 행위에 대한 경고인 셈이다.

이처럼 부정한 성적 행위에 대한 계명이 많은 것은 인간의 죄성(罪性)과 성적 타락이 불가분 관계에 있기 때문이다. 그리고 이런 문제가 인류를 위협하게 될 것임을 하나님께서는 모세를 통해 사전 경고하신 것이다. 부정한 성적 행위를 초래하는 타락은 언제나 인간의 마음속에서부터 시작된다고 성경은 기록하고 있다.

예수께서도 '간음하지 말라 하였다는 것을 너희가 들었으나, 나는 너희에게 이르노니 음욕을 품고 여자를 보는 자마다, 마음에 이미 간음하였느니라.' 말씀하셨다. 마음속의 음욕이 간음의 시발점이라는 사실을 지적한 것이다. 그리고 하나님께서 '모든 지킬 만한 것 중에 더욱 네 마음을 지키라.' 명령하신 까닭도 여기에 있다.

그리스도인이 자신의 마음을 어떻게 다스리고 지키느냐에 따라 육체가 의의 병기로 승화될 수 있고, 성적 타락과 부정한 성적 행위 도구로 전락할 수 있다. 이런 관점에서 성인사이트에 접속하는 것은 그리스도인일수록 또 그리스도인이 아닐지라도 금물이다.

그것은 마음속에 음욕을 쌓는 일이고, 마음속에 쌓인 음욕은 어떤 형태로든 부정한 성적 행위로 이어지기 때문이다. 부정한 성적 행위와 성적인 타락은 종교를 떠나서도 자연과 인간의 질서를 깨는 일이다. 양심이 결여가 된 쾌락은 결국 우리를 파괴하기에 이른다.

연대(Solidarity)의 위험

성경 사도행전 28장 여정을 끝내고 이젠 사도행전 29장의 삶을 새로 쓰며 살아가고 있는 이재철 목사. 내가 존경하는 몇 안 되는 목사다. 은퇴 후 서울을 떠나 그가 거처하는 거창군 웅양면 산기슭에도 지금쯤 성가시게 매미 울음이 울 것이다. 이재철 목사가 30년 목회 활동을 돌아보며 자신과 목사들에게 던지는 7가지 질문을 주제로 은퇴 후 엮은 그의 저서 《목사, 그리고 목사직》을 나는 인천의 아파트 숲에서 성가신 매미 소리와 함께 읽고 있다.

한때는 목사가 될까를 고민했던 나로서는 돌아보니 그 길을 가지 않았음이 다행이요, 하나님의 크신 은혜였음을 깨닫는다. 책에 이재철 목사가 인간의 연대(Solidarity)에 대한 보기 드문 내용을 적어 고찰해 본다. 그의 주장을 오늘날 우리 삶에 대입해 보자면 어처구니없을지 모르나 곰곰 생각하면 그렇지가 않다. 나름 정리하면 이렇다.

연대(Solidarity)는 목사를 위한 성경의 용어도 하나님의 방법도 아니다. 더욱이 목회는 가능한 모든 전략적 연대를 통해 더 큰 영향력을 확보하고 행사하는 정치 행위도 이윤의 극대화를 추구하는 경제활동도 아니다. 놀랍게도 하나님께서는 당신의 종들이 서로 힘을 합쳐 연대하게 하지 않았다. 이는 연대를 세상 살아가는 교훈과 지혜로 삼는 우리의 생각이나 또는 인간 역사가 말해 주는 경험과는 매우 다른 길이다. 하나님께서는 오히려 그들이 가야 할 각자의 길을 끝까지 고독하게 걸어가게 하셨다.

갈멜산 엘리야와 믿음의 전사 칠천 명도, 엘리사와 요엘도, 이사야와 미가도, 예레미야와 하박국과 스바냐, 다니엘과 에스겔, 스가랴와 학개 그리고 예수님도, 그의 열두 명의 제자도, 사도 바울도. 왜 그러셨을까? 우리 생각으론 대부분 동시대에 활동한 그분들이 연대하였더라면 힘의 확장과 사역의 견고함을 더 빠른 속도록 이룰 수 있었을 텐데 말이다.

그건, 인간은 어느 누구 혹은 어느 집단과 연대하는 순간부터 눈에 보이지 않는 하나님보다 가시적이면서 현실적으로 체감 가능한 인간 연대의 힘을 더 의지하게 되는 까닭이다. 성경 이사야 31장에도 다음과 같은 말씀이 기록되어 있다.

"도움을 구하러 애굽으로 내려가는 자들은 화 있을진저, 그들은 '말'을 의지하며 병거의 많음과 마병의 심히 강함을 의지하고, 이스라엘의 거룩하신 이를 앙모하지 아니하며, 여호와를 구하지 아니하나니." 하나님께서는 애굽의 도움을 구하는 사람들은 당신을 앙모하거나 구하지 않는다고 단언하셨다.

이유가 무엇일까? 그것은 예를 들어 고작 조랑말이나 나귀로 덤비는 팔레스타인의 전쟁터에서 애굽의 말들을 들여온 사람은 이미 천하를 얻은 기분일 것이다. 애굽의 말들이 끄는 첨단무기 병거와 마병이라면 조랑말이나 나귀로 덤비는 어떤 적이든 섬멸할 수 있기 때문이다.

그런 사람이라면 눈에 보이지 않는 하나님보다는 자신이 소유한 말들의 힘을 더 신뢰할 것은 두말할 나위가 없지 않겠는가. 그래서 성경은 여러 차례에 걸쳐 '말'의 힘을 의지하지 말라고 경고했던 것이다.

이때의 '말'은 단순히 주인의 명령을 좇아 네 발로 전쟁터를 누비는 포유류 동물인 타는 말만을 뜻하는 것 아니다. 인간이 세상에서 하나님보다도 더 신뢰하려는 모든 것의 총칭(總稱)이다. 여러분은 어떤 연대를 하고 있는가? 어떤 연대에 소속해 있나? 그리고 여러분은 어떤 '말'이 되어 있는가? 또 여러분은 무슨 '말'을 의지하고 사는가?

나는 초목 푸르른 여름 어느 날 등나무 아래서 친구와 막걸리 한잔을 걸치며 이야기를 나누던 중 친구에게 '하나님 앞에 있는 내 모습이 슬프고 외롭다고' 고백한 적이 있다. 그 '말'이 무슨 '말'인지 곰곰이 묵상을 해 본다.

상호 존재 신론의 예배

나는 어릴 적부터 초가지붕인 산골의 시골 교회를 다녔다. 그리고 결혼을 하고 일요일을 오전 오후 저녁 예배와 함께 거의 종일을 교회에서 지냈다. 주중에는 수요일과 금요 예배를 빠뜨리지 않았던 그야말로 정통 보수 교단에서 자란 고지식한 그리스도인이었다.

그랬던 내가 언제부턴가 성직자 중심의 기독교, 교회 건물과 교회 조직의 기독교로부터 탈피해 지금은 다양한 독서와 산책과 묵상을 통해 나의 그리스도적 영성을 쌓아 가는 과정에 있다. 나는 비록 외롭더라도 나의 남은 삶이 착실한 보폭과 두터운 축적이기를 소망한다. 오늘은 예배를 바라보는 시각을 교정도 하고 풍성히 해 두려고 한다.

서구로부터 전래되어 내려온 우리나라 기독교 전통 예배는 신과 세계의 분리를 전제로 이해되어 왔다. 피안(저쪽)의 영역에 있는 초월자 하나님은 존경을 받을 존재이고, 차안(이쪽)의 영역에 있는 인간은 하나님께 경배한다. 속된 영역과 거룩한 영역으로 분리된 이 두 세계에서 이편의 속된 것이 신성화되기 위해서는 성전에서 저편의 '거룩성'을 빌려 와야 하는데 이 순간 예배는 하나의 순간적 사건으로 끝나게 마련이다.

한마디로 이원화된 관계에서 예배는 하나님과 인간의 교환 행위나 거래 관계로 변질이 될 수가 있는 것이다. 그런 이유로 예배를 빠지거나 소홀히 하면 어김없이 거대한 불안이 엄습해 오게 된다. 그런데 바로 이때 종교는 타락하게 되고 종교로서 본질적 예배의 기능을 잃게 된다.

성경에 기록된 바대로 내가 하나님 안에 있고 하나님이 내 안에 계시는 상호 존재 세계에서는 나와 하나님이 하나로 얽혀 있기 때문에 실은 통속과 신성이 분리되지 않고, 어찌 보면 절을 하는 이와 절을 받는 이의 차별이 존재하지 않는다고 보아야 한다. 즉 상호 존재적 신관에서 예배는 이러한 이원화가 해체된다.

이것은 달리 말해 불교에서 말하는 피안(彼岸) 속에 차안(此岸)이 있고 차안 속에 피안이 있는 곧 공(空)이 색(色)이요 색이 공인 세계인 색즉시공(色卽是空)이요, 기독교에서 가르치는 '일상의 카이로스화'를 뜻한다. 결국 상호 존재 신관의 예배는 서구 신학의 실체론인 '존재(Being)' 중심에서 관계하는 영의 '생성(Becoming)' 중심으로 향하게 되는 것이다.

이는 역동적인 움직임으로 틱낫한의 표현으로 환치하자면 진실한 사랑의 네 번째 요소인 '우펙샤(Upecsha)'의 실천으로 귀결된다. '우펙샤'는 서로의 사이에 구분이 존재하지 않는 '평온함', '차별하지 않음', '포괄성'을 뜻하는데 여기서 하나님과 나는 한 몸이기에 예배를 드리는 이와 예배를 받는 이가 구분되지 않고 사랑하는 이와 사랑받는 이 사이에 구별도 없다.

요컨대, 상호 존재 신관의 예배는 저 밖, 저 위의 초월적 존재에게 순복 경배함으로써 소망을 투시하거나 실존적 변화를 꾀하는 등의 종교적 카타르시스가 아닌 것이다. 바로 이곳에 사랑과 자비가 충만하게 하는 힘으로 작동하는 역동적 실천 행위이다.

물론 상호 존재 신관이 지닌 위험성과 앞으로 해결해야 할 과제는 없지 않다. 그것은 첫째는 신과 인간이 상호 내재하고 있음에도 세상에서 계속해서 일어나고 있는 세상의 불의와 문제에 대해 어떻게 설명할 것인가? 즉 이런 세상 문제에 신의 정당성을 어떻게 설명할 것인가 하는 '신정론神正論'의 문제이다.

둘째는 기독교와 불교의 가장 두드러진 관점이기도 한 '신의 인격성' 문제이다. 기독교는 신의 인격적 측면이 매우 중요한 전통이고 불교는 비인격적 면이 강하게 지향되어 있다. 여기에는 석가 붓다와 예수 그리스도 말씀에 대한 인간들의 종교 왜곡의 역사가 작동하고 있다.

석가 붓다는 생전에 말하기를 "진리를 아는 자는 다툼이 없다."라고 설하였다. 두 종교를 제대로 이해하기 위해서는 '신의 인격성'에 대한 새로운 이해와 해석이 탐구되어야만 하는 것이다.

셋째는 상호 존재 신관의 윤리성 문제이다. 상호 존재 신관에서는 신과 인간이 합일을 이루고 있음에 따라 보편적 사랑과 자비에 대한 지향성이 강하게 나타나는데 그럼에도 세상에서 계속되는 인간과 사회 부조리나 정의에 대한 문제가 대두된다. 이에 대한 분명한 입장이 정립될 필요가 있다.

신과 인간의 거래

여러분은 어떤 생각과 어떤 방법으로 기도하는가? 비교종교학자 김종만 박사가 쓰고 도서 출판 '열린서원'에서 출간한, 탁월한 종교 대화 학술 총서인 《틱낫한과 하나님, 불교와 그리스도교의 만남》 1회 독을 마치며 기도에 대한 생각을 정리해 본다.

내가 이 책에서 접한 '상호 존재 신론'은 그동안 하나님의 존재를 멀리 그리고 높이 타자로서 계시는 분이라는 나의 일차원적 신관에 큰 변화를 가져다주었다. 책에서 만난 하나님은 초월적 타자나 슈퍼맨 같은 존재로 경배를 받기나 하고, 청원을 받기나 하는 인간 세상 밖에 주재하는 절대자가 아니다. 하나님은 나와 분리된 채 높은 곳에서 나를 내려다보거나 멀리에서 나를 마주 보는 타자가 아닌 것이다.

도리어 하나님은 우리 안에 상호 내재하시며, 각자의 나로서 우리로서 살고, 각자의 나로서 우리로서 행동하고, 각자의 나로서 우리로서 존재하는 인격적 에너지로서 상호 연관의 영이다. 나와 우리의 생명력과 하나인 창조와 유지의 생명력이다. 그러므로 기도에서도 하나님은 우리들의 밖에 계시거나 혹은 반대편에 서 계시면서 우리의 삶 속으로 들어오거나 개입하는 타자가 아니라는 것이다. 이는 세계적 신학 석학들의 언급에서도 발견할 수 있다.

한국의 토착 신학과 사상을 재해석하여 세계의 반열에 올려놓은 다석 유영모 선생은 자연의 바깥에 있는 신이 타자로서 초자연적으로 인간 세상에 개입하는 형이상학적 신의 모델을 부인하였다. 그는 참 신(神)은 오히려 신 노릇을 하지 않고 영원한 하느님이 잠깐 보이는 이적(異蹟)을 한군데서 부릴 까닭이 없다며, 신(神)을 '없이 계시는 하느님'으로 보았다.

현존 최고의 승려인 베트남 출신 틱낫한 또한 "누구에게 기도하는가?"라는 질문에 답하기를, 기도의 대상에 대한 인식론적 전환을 이렇게 촉구하고 있다. "불교 수행 전통에서는 합장하고 절을 하며 기도할 때마다 우리가 누군지? 우리 앞에 앉아 있는 기도의 대상이 누군지를 알기 위하여 깊이 들여다볼 필요가 있습니다. 부처님을 그대와 아무 관계도 없고 그대와 완전히 동떨어진 존재로 생각한다면, 그대의 기도와 예배는 허망한 것이 됩니다."

"왜냐면 그 기도가, 자아가 홀로 떨어져 따로 있다는 그릇된 인식에 바탕을 두고 있기 때문입니다. 부처님, 또는 그대가 섬기는 분은 그대 바깥에 있는 존재가 아닙니다. 그대와 그분은 서로 연결되어 있습니다." 한마디로 틱낫한은 절하고 예배하는 이와 절 받고 예배를 받는 이가 원래부터 함께 비어 있는 존재라는 것이다.

그리고 미국의 유니언 신학대학교 석좌교수인 폴 니터는 하느님의 완전성이란 '가장 잘 변하는 존재에 있다'고 말한다. 니터는 "내 생명을 사는 것은 내가 아니고 나로서 사는 그리스도"라는 바울의 고백을 통해 하느님과 우리의 관계가 불이적(不二的) 즉, 분리되어 있지 않은데 그리스도의 영과 우리가 떨어진 둘이 아니고 그렇다고 하나도 아니라고 주장한다.

그리고는 그리스도교 전례에서 기도는 장황한 말에 질식할 정도이며 오히려 그리스도인들이 사용하는 기도의 말이 신비롭지 못하고 무례하며, 때로는 경솔할 정도로 문자주의에 집착한다고도 지적하고 있다.

본인이 추구했던 침묵의 기도 또한 여전히 생각, 관념, 형상과 같은 무언의 말과 형상으로 채워지고 있는 까닭을 하느님이 외부에서 나를 대하는 저편에 홀로 있는 타자로 설정하고서 형상이나 말의 시각화를 통해 하느님과 관계 하려 때문이라며, 그 결과 입을 닫고 침묵의 기도를 드린다고 하지만 형상과 말을 넘어서는 것이 무척 어렵게 된다는 것이다.

그러면서 저 너머의 실체를 시각화하여 예수에게 이야기하거나 기도하는 대신, 말과 생각을 넘어 내가 응시하고 있는 예수가 다름 아닌 내 안의 실재임을 자각하자는 것이다. 이를 틱낫한의 표현으로 바꾸자면 다음과 같은 의미가 된다. "나는 신에게 기도한다. 나는 신에게 기도하며 내 안의 신과 만난다."

곧 기도는 외적으로 시각화된 영상이 나와 그리스도의 불이적 합일의 내적 실재가 되게 하고, 상호 존재의 항상 변화하고 역동적이며 창조적으로 상호 연관되어 있는 과정에 참여하는 것이라는 것이다.

그런 맥락에서 신학자 존 로빈슨은 기도에 대한 전통적인 사유인 기도의 시간을 따로 내야 한다는 사고방식에서 탈피할 필요가 있다고 역설한다. 로빈슨에 의하면, 기도는 세상을 떠나서 신에게로 향하는 것이 아니라 세상을 통해서 신에게로 향하는 것이며, 그러면서 기도를 존재의 기반 앞에 자신을 열어 놓는 '거룩한 현세성', '신성한 세속성'의 생활로 정의하였다.

폴 니터 또한 기도하는 것은 하느님의 개입을 요청하는, 즉 저편에서 그리스도 영이 개입해 오기를 바라는 것이 아니라 이미 있는 그리스도 영이 활동하게 하는 것이라며, 기도하는 것은 연결하는 것임을 환기해 준다. 종교학자 길희성도 무한의 하느님을 유한의 하느님으로 격하시키는 것은 우상숭배와 다름없다며, 무한한 하느님을 유한한 대상이나 사물로 환원하여 기도라는 종교적 제의로 자신의 소원을 성취하려는 바람은 그 자체가 '기도의 우상숭배화'라고 지적했다.

신과 인간을 이원화한 초자연적 유신론에서의 기도는 인간의 욕구를 이루는 매개체이거나, 신과 인간을 거래 관계로 만드는 문제를 양산하게 되는데, 이런 문제를 극복할 대안적 기도관이 불이론적 신관을 반

영하는 상호 존재론적 기도라는 것이다.

요컨대, 상호 존재 신론에 기초한 기도 즉, 나와 하느님의 불이론적 기도는 전능하고 완전한 초월적 타자로서의 하느님의 존재, 그리고 이와는 차별적으로 분리되는 기도자를 전제하지 않고, 모든 것을 하느님과 함께 생성하는 에너지장으로서 상호성의 신비에 기초한 대안적인 동양적 신관의 기도라 할 수 있다.

가난한 하느님의 일생

하늘이 좋아라 노을이 좋아라

해거름 잔솔밭 산허리에 기웃이네 송아지 울음소리

찔레 덩굴에 하얀 꽃도

떡갈나무 숲에서 불어오는 바람도

하늘이 좋아라

해 질 녘이면 더욱 좋아라.

동화작가 권정생 선생이 1986년 〈안동문학〉에 발표한 시다. 2007년 그가 떠나고 5년 후에 발간된 그의 유고 산문집, 《빌뱅이 언덕》 후반부에 들어 있는 아름답고도 슬픈 이 산문집 제목이 된 시다. 나는 최근 이 산문집을 밤잠에 들기 전 조금씩 아껴서 읽어 왔다. 왜냐면 책에서 만난 그분과 오래도록 대화를 나누고 싶어서다.

안동시 일직면 빌뱅이 언덕 아래 검붉은 색의 양철 지붕을 인 작은 흙집을 그려 보며, 그의 가슴 아린 글을 읽은 후 잠이 들면 왠지 모르게 꿈이 달고 잠은 맛있기 때문이다. 그의 작품과 기고했던 글들은 아동문학의 경계를 넘어서는 깊이를 지니고 있다. 비록 일평생 가난과 질병을 벗어난 적 없지만 70년 그의 삶은 아무나 흉내 낼 수 없는 가난한 하나님의 일생이요 우리에게 남긴 위대한 유산이다.

권정생의 동화 작품과 산문에는 우리에게 던지는 일관된 메시지가 있다. 그건 우리더러 자연 속에서 가난하게 살라고 부디 가난하게 살라고 그것이 잘 사는 길이라는 것이다. 그리고 모두가 원래의 위치로 돌아가 가난을 지켜야 한다고, 가난만이 평화와 행복을 기약한다고, 가난이란 바로 하늘의 뜻이라고, 민주주의도 가난한 삶에서 시작되고 종교도 예술도 운동도 가난하지 않고는 말짱 거짓거리밖에 안 된다고 말이다.

전쟁과 가난 때문에 얻은 병마와 싸우면서도 작고 연약한 것들에 대한 사랑으로 예수를 만났고, 가장 낮은 곳에서 가장 맑은 목소리로 삶·문학·사상이 일치한 삶을 살고 간 동화작가 권정생(1937~2007). 그는 더불어 살아가는 사람들 모습을 보면 그 감동의 깊이가 가난하고 외로운 이들의 것이 훨씬 아름답다고 했다.

외롭고 가난한 그들은 형식적 예배는 별로 가져 볼 시간적 여유가 없지만, 생활 자체가 거룩하고 살아 있는 예배라 할 수 있다고 말했다. 하나님은 어떤 예배를 원하는지 잘 모르겠지만 진실을 원하는 하나님이라면 가난한 마음 자체가 향기로운 예배가 될 것이라고 했다.

이런 가난에 빚지고 살아가고 있음을 인식하고 노래한 시인도 있다. 신경림 시인이다. 1988년 발표한 그의 시집《가난한 사랑 노래》출간 후기에 그는 이렇게 썼다. "시골이나 바다를 다녀 보면 사람들이 참으로 열심히 산다. 나는 내 시가 이들의 삶을 위해서 조금이라도 도움이 되었으면 하고 생각을 한다. 적어도 내 시가 그들의 생각이나 정서를 담아내지 않으면 안 된다는 생각을 한다."

또 논어 〈이인〉 편에서 공자는 말하기를, 올바르게 살고 싶다고 말하면서 가난을 부끄러워하는 자는 인생의 이야기를 나눌 벗으로 부족함이 있다고 했다. 마음은 거짓이 아닐지라도 아직 체면치레가 남아 있다면 올바른 인생을 살기 위해 힘차게 돌진하려는 각오가 부족한 것이라고 했다.

가톨릭의 수사요 영성 작가이었던 토머스 머튼은 고백하기를, "내 인생에서 중요한 것은 두 가지가 있는데 글 쓰는 일과 자발적 가난을 선택하는 일이다. 두 가지 모두 하느님의 사랑을 위해서다."

당나라의 육조 시인 도연명은 그의 시 〈영빈사(詠貧士)〉에서 가난을 이렇게 노래했다. "가난에 편안하고 비천함을 지킨 자로, 옛날부터 검루(黔婁)라는 이가 있었지. 좋은 벼슬을 영광으로 여기지 않고, 후한 선물을 받지 않는다고 했지. 하루아침에 수명이 다하자, 떨어진 옷으로 두루 덮지도 못했다네. 어찌 그 곤궁을 알지 못했으리오만, 도가 아니니 근심할 것이 없었지. 그 이후로 거의 천 년이 돼 가는데, 다시는 이런 사람을 보지 못했네. 아침에 인의와 더불어 살았으니, 저녁에 죽은들 다시 무엇을 구하리."

예나 지금이나 가난이 고통과 두려움으로 다가오는 시절이다. 가난한 하느님의 일생을 살다간 몇 이를 묵상해 보았다. 우리의 하느님은 예나 지금이나 가난하게 사신다. 그분은 인간의 가난함으로 부유해진다.

하나님의 기대

우리는 그냥 대충 어쩌다가 만들어지지 않았다. 우리는 하나님의 기쁨과 눈물로 창조되었다. 하나님은 십자가라는 해산의 고통을 통해 우리를 낳으셨다. 이런 사실을 말씀하는 하나님 음성은 늘 고요하고 적막하여서 세상의 소란한 일들에 쉽사리 묻혀 버리지만, 우리가 귀 기울이면 들을 수 있다. 우리의 생각이 그분을 향할 때 그분은 마다치 않고 누구에게나 언제나 들어오셔서 알게 하신다.

우리는 세상에서 일할 생각에 부풀어 하나님의 일을 망각하며 살지만, 하나님 일은 우리들의 굳고 서투른 손가락을 빌려 외적인 일을 행하시는 정도가 아니라 우리를 바른 모습으로 빚으시는 것이다. 우리가 세상에 살며 아픔으로 얻어진 회복과 그 가운데 얻어진 우리를 향한 하나님의 긍휼을 사명으로 삼고 살아가는 아들의 모습, 이것이 우리를 향한 하나님 아버지의 기대다.

우리는 하나님 자녀이지만 또한 그분의 손에 들린 망치, 도끼, 그리고 톱 같은 존재다. 그러므로 하나님이 우리를 그 어떤 도구로 그리고 무슨 방식으로 사용하더라도 우리에게 영광이 될 것이다. 하나님 뜻은 하나님이 이루신다. 우리에 의해 이뤄지는 것 아니라 전적으로 하나님에 의해 이루어진다. 그 시간과 방법 또한 하나님 의도 가운데 있다.

그렇다고 하나님은 일방적이지 않는 분이다. 사람들은 하나님을 초월적이고 무시간적 존재이기에 세상에 그 어떤 영향도 받지 않는 분으로 생각하지만, 이는 그리스적 사고일 뿐 성서의 하나님은 그렇지가 않다. 하나님과 우리는 상호 내재하며 하나님의 일을 함께한다. 그러니 하나님도 상처를 입는다. 사실 모든 인류의 상처는 그분의 상처이다.

그러므로 하나님은 낮은 자들의 신음을 못 견뎌 하고 억압자들을 높은 자리에서 내치는 분이다. 당신에게 등을 돌리는 백성으로 인해 상심하기도 당신의 뜻을 따르는 이들로 기뻐하신다. 땅은 그분의 발등상이고 우리가 사는 이 세상은 하나님 거하시는 곳이기 때문이다. 하나님이 우리에게 영광을 받으시면 영광을 품고 계시지 않고, 그 영광을 위로로 바꾸어 우리에게 돌려주신다.

하나님께 영광을 돌리는 방법이 무엇인가? 그것은 하늘과 땅을 잇는 길을 우리가 이 세상에서 잘 내고 닦는 일이다. 예수님이 십자가를 지고 돌아가신 후 부활하여 40일 동안 제자들에게 일곱 차례 거듭 나타나신 이유가 무엇인가. 그건 하나님 나라 일을 보이시고 가르치고 당부하기 위함이었다. 그 일은 오늘을 사는 우리에게도 하라고 당부한 일이다.

첫째는 세상에 평화를 만드는 일을 하라는 것이다. 둘째는 연약하고 상처받고 지쳐 희망이 없어 울고 있는 사람들을 진정으로 변함없이 돌

보고 먹이고 싸매어 주라는 것이다. 셋째는 우리처럼 부서지기 쉬운 사람의 아들 예수가 부활과 하나님 아버지께 돌아간다는 기쁜 소식을 전하라는 것이다.

넷째는 치욕적이고 쓰라린 패배가 있는, 생각하고 싶지도 않은 그곳 예루살렘, 의인인 척 활개하며 불의가 판을 치는 바리새인과 제사장들의 세상인 그곳을 떠나지 말고 약속한 성령을 기다리라는 것이었다. 성령은 그들을 일으켜 세워야 하기에 바로 그런 곳에 오시기 때문이다.

다섯째는 승천하시며 하신 예수님의 "갈릴리 사람들아 어찌하여 하늘을 처다보느냐." 말씀 속의 '갈릴릴 사람들아'에는 이 갈릴리 촌놈들아! 뜻이 담겨 있다. "갈릴리 촌놈들 바로 너희들이 내 증인이 될 거야."라는 말씀이다. 그런 쓰라린 패배 경험이 있는 갈릴리 촌놈이라야 증인이 될 수 있다는 말씀이다.

결국, 그들이 팍스 로마를 흔드는 증인이 되었고 우리는 오늘을 살고 있다. 그러니 갈릴리 사람의 촌티를 부끄러워 말아야 한다. 우리의 생각은 하나님의 생각과 분리되어 있지 않다. 하나님을 향한 우리 생각은 하나님이 들어오시는 문이다. 부족함 없이는 부요함도 없다. 하나님은 인간의 궁핍함에 의해 부요해지신다.

하나님 우리를 지으실 적에 우리의 완성된 모습을 생각하셨으며, 하나님은 그 모습을 줄곧 염두에 두고 오랜 창조의 과정과 하나님의 일을 통해 우리 하나하나의 삶을 실현시키신다. 하나님 하시는 일은 어설픈 것 같지만 결코 빠뜨리는 것이 없다. 하나님 아버지께서는 자녀의 머리카락까지 낱낱이 세어 두셨다. 그러니 하나님이 악을 모르실까 걱정할 필요는 없다.

하나님의 이해, 범재신론(汎在神論)

범신론(汎神論)은 우주를 하나님과 동일시하는 신론이다. 즉 하나님과 우주는 같은 공간을 공유하는데 문자적으로는 모든 것, 즉 만물(萬物)이 곧 하나님이라는 신론이다. 이 범신론은 만물에 현존하는 하나님의 내재성(內在性)만을 긍정하고, 본질적으로 하나님의 초월성(超越性)은 부정한다. 하나님은 모든 것 속에 현존(現存)함에도 모든 것 그 이상은 아니라는 것이다.

반면에 범재신론(汎在神論)은 하나님의 초월성과 만물에 하나님의 현존 곧 하나님의 내재성을 동시에 긍정하는 신론이다. 하나님은 만물의 총합과 동일시될 수 없으며 하나님은 모든 곳에 현존한다 하더라도 모든 것 이상이라는 것이다. 그러므로 하나님은 우리 주변의 도처에 계시고 우리 안에도 계시며 우리는 또 하나님 안에 있을 수 있다. 범재신론을 바탕으로 기독교 신앙을 정리해 보자면 이렇다.

20세기 과정신학자인 찰스 하트숀(Charles Hartshorne)이 하나님과 인간 그리고 세상의 관계성을 두고 한 주장이다. 그는 주장하기를, 한 실체(Substance)가 있는데 그 실체가 스스로 존재하며 다른 실체에 의해 영향을 받거나 조성되지 않는다면 또 완결적이라면, 자기 완결적인 이 실체는 필연적인 무한성을 지닌다고 보아야 한다. 그러므로 이런 실체가 존재하면 여러 개의 다른 실체가 존재한다고 가정하는 것도 모순이라고 했다.

왜냐면 그러한 가정은 여러 개의 우주가 존재한다는 것을 의미하기 때문에 그렇다는 것이다. 따라서 하나의 실체만 존재한다고 생각함이 타당하며 그런데 이 존재함(Existence)이란 실체의 본성이기도 하므로 신은 반드시 존재한다는 명제이다.

또 그는 만약 신이 존재한다면 다른 실체가 존재한다고 볼 수 없다. 존재하는 것이 있다면 그 모든 존재는 신 안에 존재한다고 볼 수밖에 없으며, 따라서 이 세상 안에 존재하는 개별적인 것은 오직 단 하나 실체인 신의 속성 혹은 양태(Modes)의 변용(Modification)으로 이해해야 한다는 것이다. 신은 세상에 존재하는 것들의 효율적 작용의 원인(The efficient cause)일 뿐 아니라 그것들의 본질(Essence)이기 때문이라는 것이다.

이와 같은 찰스 하트숀(Charles Hartshorne)의 주장에 나는 일말 동의한다. 이에 비춰 그리스도인인 나의 기독 신앙을 정리하자면 이렇다. 하나님은 다중우주를 포함해 유일무이 우주 만물의 근원이요 유일무이 창조주이시다. 인간을 포함해 모든 만물은 그의 지으신 피조물로 예나 오늘이나 그분 안에 있고 영원히 그가 다스리신다.

또 전지전능하시고 무소부재 하시어 나같이 천한 자에게도 아버지의 사랑을 베풀어 차별이 없이 소통하는 인격의 신이시다. 그리고 나는 이 세상에서 나의 생을 다하고 육체가 사라진 후에 있을 그분의 심판을 믿으며 나아가 높이 고양된 의식을 소유한 변화된 육체의 부활을 앙망하는 영성이 내재한 피조물이다.

예수의 눈, 석가의 눈

사람은 저마다 아름다운 눈을 지니고 있다. 우리가 살아가며 가장 많이 살피는 부분도 눈(目)이다. 세상에서 저마다의 삶을 마감하며 하는 마지막 행동도 두 눈을 감는 일이다. 사람이 죽음을 앞두고 의식이 꺼질 때도 텔레비전 화면이 한 점으로 모여 꺼지듯 사람의 눈도 그럴 것이다. 언젠가 보았던 〈HD TV문학관 — 등신불〉에서도 그렇게 연출을 하였다.

몸과 마음이 건강하면 눈이 맑은 것을 볼 수 있다. 생각이 맑으면 두말할 나위가 없다. 아침 산책길을 내려와 거울에 비치는 눈은 빛나기까지 한다. 맹자는 사람을 살피는 데 있어 눈동자보다 나은 것이 없다고 하였다. 그러니 사람의 눈을 들여다보면 그 사람을 알 수 있다. 사람들은 많은 것을 눈으로 가르치고 배우고 관계하기 때문이다.

사람의 눈은 사랑의 눈, 속이는 눈, 비겁의 눈, 탐욕의 눈, 분노의 눈, 음욕의 눈, 두려움 등이 그대로 묻어 나온다. 쉬이 숨길 수가 없다. 29세에 요절한 시인 박인환도 '나 지금 그 사람 이름은 잊었지만, 그 눈동자 내 가슴에 있네.'라고 노래하지 않았던가. 그러니 날마다 자신의 눈을 점검하고 살아갈 일이다.

예수는 눈이 몸의 등불이라고 했다. 다석(多夕) 류영모 선생은 눈을 몸의 창문이라고 표현했다. 임제 의현 스님은 "우리 눈으로 보지 못할 것이 없다. 다만 애써 보지 않으려고 할 뿐이다. 부처님이 보았고 조사님이 보았다면 당연히 나도 볼 수 있다."라고 했다.

미국의 최대 온라인 매체 허핑턴 포스트의 창업자 아리아나 허핑턴(64세)이 한국을 방문해 2014년 2월 28일 자 중앙일보와 인터뷰에서 인생의 목표 질문에 대해 그녀는 이렇게 대답했다. "지금 눈앞에 놓인 향기로운 꽃 한 송이를 놓치지 않고 보는 것"이라고.

마음에 하나님이 머물고 우리 스스로가 부처임을 깨달으면 우리의 눈은 밝게 빛난다. 예수의 눈이, 석가의 눈이 그러한 눈이었다. 나는 훗날 세상을 향해 호탕하게 웃어젖히던 청년 예수의 모습을 뵙게 된다면 그리고 죽음의 강을 건너 피안에 이른 노년의 붓다를 만나게 된다면 무엇보다 그분들의 두 눈을 응시할 것이다.

하나님의 정원

정원의 아름다움은 변화하는 다양성에 있다. 정원의 아름다움은 다양한 꽃들이 피고 지며 부단히 변화하는 모습에서 형성된다. 예나 지금이나 또 미래에도 창조주 하나님께서는 하나의 큰 아름다운 정원을 가꾸고 계신다. 하나님의 나라는 하나님의 정원이다. 그 전능하신 분의 정원에서 나와 여러분은 한 송이 꽃일 것이다.

물론 나 하나의 꽃으로 정원의 아름다움이 결정되는 것은 아니다. 왜냐면 정원을 채운 또 다른 아름다운 꽃들이 많이 있으니까. 그렇지만 내가 어느 곳의 어떤 꽃인가에 따라 정원의 모습은 조금이라도 달라질 것이 분명하다. 요즘 봄의 향연같이 여기저기에서 피어나는 꽃들을 바라보면 직감할 수 있다.

나와 우리는 미래에도 그분의 눈길이 머무는 생명의 정원에서 피고 지는 꽃일 것이다. 나와 우리는 미래에도 전능하신 그분의 아름다운 정원 일부요 전부일 것이다. 그것은 화려했던 나와 우리가 하나의 꽃으로서가 아니라 화려하게 계속 피어날 다른 꽃들로서 이기도 하다. 나는 살아서도 잘해 주셨으니 육체가 죽어서도 분명 잘해 주실 것이라 믿는다.

우주에서 가장 아름다운 정원이 있다면 또 우주에 에덴동산이 있다면 바로 이 지구라는 행성이다. 창조주 하나님께서는 지구라는 행성에 많은 공을 들였다. 그리고는 하나님께서는 지금 여기, 지구 이 순간에 우리와 함께하시며 지구의 정원을 거니신다. 예수가 말씀한 부활의 삶을 살아야 할 장소도 바로 이곳 지구이다.

그렇다고 사람들이 종교언어를 너무 문자적으로, 단 한 가지 의미로만 수용함으로써 그 위험성에 대한 방어기제가 무너져 결국 종교언어를 권력 언어로 바꾸려는 유혹에 빠져 버린 여호와 증인이나 신천지를 연상해서는 안 될 것이다. 하나님의 나라는 이 세상에 국한되는 것 아니기 때문이다.

또 하나님이 인간의 일에 부여한 엄청난 존엄을 담아내지 못할 만큼 하찮은 일이란 없다. 몸으로 하는 단순한 노동도 조금도 다름없이 하나님의 일이다. 창세기에서 하나님의 직업은 정원사였으며 신약에서는 목수이었다. 창조주 하나님은 물질세계를 지으시고 인간으로 이루 헤아릴 수 없을 만큼 다양한 방식의 노동을 통해 하나님의 정원을 개발하고 양육하고 보살피게 하셨다.

그런 하나님의 정원인 지구가 환경파괴와 성의 타락, 종교의 왜곡, 권력 쟁취를 위한 싸움과 전쟁 등으로 병들어 아파하고 있다. 죽어 가고 있다. 인간이 필요로 하는 거의 모든 것을 지구로부터 얻고 있으면서도 인간의 욕심 때문이다. 최근 전 세계로 퍼져 나간 코로나19 바이러스 전염병 또한 지구라는 정원이 주는 경고요 메시지다. 마치 지구 행성이 하나의 살아 있는 생명체같이 괴로워 몸부림하는 거 같다.

향락주의자 쾌락주의자로 잘못된 의미로 사용되는 에피큐리언(Epicurean) 용어가 있다. 그 어원이 된 고대 그리스철학자 에피쿠로스(Epicouros)는 삶에 있어 쾌락을 추구했다. 하지만 그 속을 들여다보면 그렇지 않다. 에피쿠로스가 도달한 쾌락의 정점이 무엇이었는지 아는가? 그것은 만족이라는 사치였다.

그러나 에피쿠로스가 만족이라는 사치를 누리는 데 필요한 것은 그리 많지 않았다. 아담한 정원, 그곳에 심어진 몇 그루의 무화과나무, 여기에 약간의 치즈와 서너 명의 친구가 있으면 충분했다. 그것만으로 그는 충분히 사치스럽게 살 수 있었다.

명저 《사람의 아들 예수》와 《예언자》를 쓴 칼릴 지브란이 49세라는 한창나이에 세상을 떠난 후 출판된 그의 유고집 《예언자의 정원》에서 그는 이렇게 노래했다. "그대들이 만약 진정 자유롭기를 원한다면, 안개 속으로 들어가야만 합니다. 형태가 없는 것들은 형태를 취하려고 언제까지나 애쓸 것입니다. 무수한 성운조차 해가 되고 달이 되기를 원하는 것처럼, 그리하여 많은 것을 찾아 헤매다 지금 이 섬으로 이 단단한 형태 속으로 돌아온 우리는 다시 안개가 되어 시작을 배워야만 합니다."

권정생이 예수를 믿는 이유

이 세상을 잘 살다 간 동화작가 권정생은 그의 산문집《우리들의 하느님》에서 이렇게 적어 두고 떠났다.

> 내가 만약 교회를 세운다면 뾰족탑에 십자가도 없애고
> 오두막같이 조촐한 집을 짓고 싶다. 교회 간판은 물론
> 안 붙이고 강단 같은 거추장스러운 것도 없애겠다.

> 의자가 없이도 그냥 맨 마룻바닥이면 된다. 그곳에 여럿
> 이 둘러앉아 세상살이 얘기도 하고, 성경책 얘기도 하고
> 가끔은 절간의 스님을 모셔다 부처님 말씀도 듣고, 점쟁
> 이 할머니를 모셔와 궁금한 것도 물어보겠다. 단오에는
> 돼지도 잡고 막걸리도 담그고 해서 함께 춤추고 놀기도
> 하고, 그래서 어려운 일, 궂은일도 서로 도와 가며 사는
> 그런 교회를 세우고 싶다.

그러면서 권정생은 추운 겨울날 캄캄한 새벽에 종 줄을 잡아당기며 유난히 빛나는 별빛을 바라보는 때를 상기한다. 소박하고 아름답고 거룩했던 새벽기도 장면도 그리움으로 회상하며, 오늘의 교회가 이렇게 냉랭하게 된 까닭을 물질이 풍성해져서 몸으로 봉사하고, 마음으로 정을

나누는 일이 적어졌기 때문이 아닌가 진단한다. 그리고 예수를 믿는 이유를 1993년 〈새 가정〉이라는 잡지에 기고한 글에서 이렇게 밝혔다.

내가 교회에 나가고 예수를 믿는 것은 예수가 사랑했던 들꽃 한 송이를 나도 사랑하고 싶고, 그가 아끼던 새 한 마리를 나도 아끼며 살고 싶기 때문이다. 구태여 큰 소리로 외치며 전하는 복음이 아니라 바로 지금 내 곁에 함께 있는 가련한 목숨끼리 다독이며 살아가고 싶을 뿐이다. 슬플 때 함께 슬픈 노래 부르고 기쁠 때 함께 기쁜 노래 부르면 그것이 찬송이 되고 기도가 되고 예배가 되는 것이다.

구하기 전에 하느님은 우리에게 모든 걸 주셨다. 푸른 하늘과 해와 달과 별과 철마다 피고 지는 꽃과 나무와 열매들, 아름답게 우는 새소리, 시원한 바람과 깨끗한 물과 그리고 이웃을 주셨다. 검은색과 흰색과 노란색의 사람들이 서로 바라보며 웃으며 살라고, 이 땅 위에 각자의 자리를 마련해 주셨다. 거기서 땀 흘려 일하며 살아가는 것만이 우리들의 몫이다.

더는 무엇을 달라고 큰 소리로 외치며 기도할 이유가 없다. 그렇게 살 만큼 살다가 죽으면 되는 것이다. 그게 바로 하늘나라며 인간들이 영원히 살아갈 바른 삶이다. 인간의 눈으로 봤을 때는 흉측한 것이더라도 하느님 보시기엔 아름답기에 만드신 것이다. 이 세상을 인간의 눈으로만 보지 말고 하늘의 뜻을 생각하며 살면 우리들의 세상은 훨씬 아름다워질 것이다.

신에 대한 적절한 이해, 틱낫한의 신관

불교를 넘어 석가 붓다의 가르침을 몸소 실천하며 사는, 세계인으로부터 존경을 받기에도 충분한 베트남 출신의 승려 틱낫한 스님의 신관(神觀)을 나름 정리해 보자면 이렇다.

틱낫한 스님에게 개념과 상(想)은 겉모습일 뿐이다. 따라서 '존재한다'에서 '존재'라는 개념이나 상은 하나의 겉모습에 불과할 뿐 아니라, 존재하지 않는다는 '비존재' 또한 하나의 개념이나 상에 불과한 겉모습이라는 주장이다.

틱낫한의 이러한 지적에 나는 일말 고개가 끄덕여진다. 사실 신은 존재와 비존재를 뛰어넘는다. 그러지 않고서는 신이라 말할 수 없을뿐더러 신의 성립마저 되지 않기 때문이다. 틱낫한은 신을 존재의 근원이나 혹은 비존재의 근원으로 상(像)에 한계 지우는 행위는 신에 대한 적절한 이해가 아니라고 보고 있다. 이는 매우 깊은 사색의 결과가 아닐 수 없다.

이러한 언술은 신에게 이름을 부여하지 않는 성서적 이해와도 상통한다. 기독교 구약성경 출애굽기 3장 14절을 보면 "하나님이 모세에게 이르되 나는 스스로 있는 자니라, 스스로 있는 자가 나를 너희에게 보냈다 하라." 또 하나님을 '만유를 통일하고 만유 가운데 있는 자'로 정의하고 있는데, 이는 창조주 하나님은 이름할 수 없을뿐더러 무규정성, 무한계성을 의미하는 표현이다.

틱낫한은 자신의 아미타경 해설에서도 이런 입장을 다음과 같이 피력하고 있다. "처음에 우리는 부처님을 바깥에 계신 분으로 여긴다. 한동안 수행을 하고 나면 우리는 부처님이 우리 안에 계시는 분이라는 사실을 깨닫는다. 더 정진하여 수행하면 우리는 부처님이 우리 안에도 밖에도 없는 분이라는 사실을 알아차리게 된다."

또 "안팎이라는 것은 다만 두 가지 관념에 지나지 않는 것이고 진리는 두 관념을 넘어서는 것이다. 실로 부처님, 열반, 정토, 그리고 하느님의 나라는 안에 있다거나 밖에 있다거나 또는 안팎의 사이에 있다고 말할 수 없다. 그러한 관념들은 다만 사고의 산물에 지나지 않는다."라고 말하고 있다.

틱낫한의 이 은유(Metaphor)는 쉽게 말해 무한과 유한, 하느님과 세계가 구별은 되지만 불가분적 관계를 지닌다는 것을 뜻한다. 하느님은 시공, 개념, 언어 등 모두를 넘고 관통하고 있어 없지 않은 데가 없기 때문이다. 다시 말해 신은 있지 않은 곳이 없는 무소부재(無所不在)다. 다석 류영모 선생의 표현을 빌리자면 하나님은 없이 계시는 분이다. 신과 세계를 분리할 수 없다는 뜻이다.

한마디로 틱낫한의 신관은 신을 존재와 비존재, 안과 밖으로 규정될 수 없는 색즉시공(色卽是空), 공즉시색(空卽是色), 사사무애(事事無礙) 그리고 무규정성과 무한계성을 지닌 편재하는 영으로 보고 있는 신관이다. 틱낫한의 신관은 상호 존재적 신관이라고 말할 수 있다.

석가 붓다의 신관, 비신론(Non theism)

나는 석가 붓다가 신에 대해 어떻게 생각하셨을까? 의문이 마음속에 줄곧 있었다. 석가 붓다의 활동 연대는 어찌 보면 인간이 신에 대한 상상력이 가장 활발했던 때이기도 했으니, 아마 그분도 신에 대해 모를 리 없었을 것이다. 불교가 신을 인정하지 않는 무신론적 종교라는 대부분 견해는 내가 보기에 붓다의 가르침과는 맞지 않아 보인다.

석가 붓다 시대에 유행한 종교는 힌두교로 발전하기 이전의 다신교인 브라만 종교다. 쉽게 말해 우주 유일의 근본원리로서 브라만(梵, 우주 최고의 원리나 신을 뜻하는 인도의 고대어)과 개인 존재의 핵심 본체를 지칭하는 내 속에 있는 아트만(我) 이 두 가지는 같은 것이라는 범아일여(梵我一如) 종교다. 당시 깨달음보다 윤회와 업을 바탕으로 한 카스트제도(Caste 制度)라는 엄격한 신분제도를 토대로 형식에 치중된 종교였다고 말할 수 있다.

붓다는 이 브라만 종교가 일원론적 형이상학에 기초한 신과 사제 중심의 종교 권력에서 발생되는 비인간화(非人間化) 등 부조리한 종교 관행을 부정한 것이었지 신의 존재를 부정한 것은 아니었다. 나는 붓다께서 '신(神)은 단연코 없다.' 주장한 말씀을 그 어디서도 발견하지 못하였다. 오히려 붓다는 당시 힌두교의 수많은 신적 요소를 누구보다 잘 알고 있었다.

하지만 그런 사색들이 깨달음에 이르는 길을 제시하기보다 도리어 장애와 혼란을 일으키는 것으로 보고, 오랜 사유를 통해 '신'이라는 말도 방해가 될 수 있음을 붓다는 깨닫게 된 것이다. 그는 신이나 개인의 본체인 아트만(Atman)의 관계인 범아일여 사상(브라흐만)에 대해 말하는 것보다 체험이 중요함을 직시하고, 신의 존재를 부정하기보다 신을 포함해 이 모든 인습적 종교 관행 자체를 부정한 것이었다.

즉, 붓다의 부정은 신의 존재에 대한 부정이 아니라는 점에서 신이 있다고 여기는 유신론(有神論)도 아니고, 신이 없다고 여기는 무신론(無神論)도 아닌 것이다. 그렇다고 하여 신이 존재해서는 안 된다고 주장하는 반신론(反神論)도 아닌 굳이 말하자면 붓다의 신관은 비신론(Non theism)이라고 말할 수 있다.

붓다의 초기 설법을 보아서도 '신'은 절대 존재하지 않는다는 뜻이라기보다 현상학에서 말하는 지향적인 존재라고 할 수 있는데, 지향적인 존재란 존재할 수도 있고 존재하지 않을 수도 있지만, 그 존재가 꼭 문제가 되는 것은 아니라는 뜻이다.

붓다가 깨달은 깨달음을 한마디로 표현하자면 '니르바나'이다. 이 '니르바나' 어원은 모든 번뇌의 얽매임에서 벗어난 경지 곧 진리에 이른 경지를 뜻하지만 '내가 떨어져 나온 쪼갤 수 없는 커다란 하나 곧 전체'를 의미하기도 한다. 붓다가 깨달은 '니르바나'를 조금 쉽게 나름 표현하자면 이렇다.

내가 깨닫고 보니, 나는 쪼갤 수 없는 전체인 니르바나에서 떨어져 나온 개체였다. 하지만 나는 이 세상에서도 그 전체와 줄곧 하나이었기에 실은 이 세상으로 떨어져 나왔다고 할 수도 없다. 피안의 언덕에 이르러 보니 나의 본성과 본모습은 여전히 변함이 없고 오고 감이 없는 니르바나 그 자체다. 그러니 나를 두고 가니 마니, 살았느니 죽었느니 하지 말라. 나는 니르바나요 니르바나가 나이다. 니르바나와 나는 하나다.

그래서 석가 붓다는 그렇게 제자들을 가르쳤다. "제나(육체의 나)의 모든 것은 덧없다. 이것은 나고 죽는 상대적 생명이기 때문이다. 나고 죽는 제나를 없애고 절대 존재 니르바나로 기뻐하라." 그리고 그 니르바나에 이르는 길을 석가 붓다는 이렇게 가르쳤다.

"비구들이여 니르바나(산스크리트어, Nirvana, 열반)란 무엇인가? 또 그 니르바나에 이르는 길은 무엇인가? 탐욕과 진애와 치정을 완전히 없애는 것이 니르바나다. 그리고 빔에 자리하고(空定), 생각 없음에 자리하고(無想定), 바람 없음에 자리함(無願定)은 그 니르바나에 이르는 길이다."

"오직 몇 안 되는 사람만이 니르바나, 저 피안의 언덕에 이른다. 혹 어떤 이가 마음을 내어도 대게는 이쪽 강기슭을 서성거릴 뿐이다. 그러나 진실로 진리를 따르는 사람은 건너기 어려운 죽음의 강을 건너 머지않아 저쪽 기슭 피안에 이르리라. 진리를 아는 자는 다툼이 없다."

나로서 사는 하나님

가톨릭 신부이며 종교다원주의 신학의 석학이자, 뉴욕 유니언 신학대학원의 폴틸리히 석좌교수인 세계적인 신학자 폴 니터(Paul F. Knitter)는, 초월적이고 전능하며 사랑하는 아버지인 신적 인격체로서 하느님은 바람직하지 못한 것으로 보고 있다. 하느님이 바람직하지 못하다는 저명 신학자의 이 같은 주장은 매우 흥미롭고 깊은 생각에 잠기게 한다.

그는 왜 이런 과감한 주장을 했던 것일까? 그것은 인간이 책임을 다하는 상호성의 관계로서 나와 하느님이 함께하는 쇼(Show)가 되지 못하고, 하느님과 나와 상호성의 관계가 파괴된 하느님 혼자만의 쇼이기 때문이라는 것이다. 매우 대담하고 소신 있는 주장이 아닐 수 없다.

폴 니터의 하느님은 만물의 움직임 하나하나를 철저하게 지배하는 세계의 절대군주 같은 통치자가 아니다. 삼라만상이 하느님과 서로 얽히고 연관되어 있는 상호 존재다. 다시 말하면 하느님은 상호 존재라는 방식으로 우리와 관계한다는 것이다.

하느님은 인간과 분리된 타자로서의 실체론적인 인격체 아니라, 인간과 상호 존재 하느님으로서 이 세상에서 인격적인 방식으로 사람에게 임재하고 있다는 것이다. 이는 곧 하느님은 전능하고 사랑 많은 타자로서의 '누구'가 아니라는 것이고 또 하느님은 독립적 개체의 인격체가 아니라는 주장이다.

그보다 하느님은 전에도 지금도 나를 감싸고 살게 하는 나와 상호 존재의 신비이며 내게 인격적으로 임재하는 신비라는 것이다. 여기서 폴 니터가 '인격적으로 임재하는'이라고 말하는 것은 이 신비가 인격적인 방식으로 나를 감동하게 하고 내게 영향을 주는 것을 느끼기 때문이라고 말한다. 폴 니터의 하느님을 나름 요약하자면 이렇다.

"하느님이 내 안에서 나와 함께 나로서 살고 있다. 이는 저 너머에 존재하는 초월적이면서도 전능한 인격체적(人格體的) 타자로 분리된 이원론적 실체로서의 하느님이 아니다. 하느님까지 포함해서 모든 것은 존재(Being)의 상태로 불변하지 않은 실체가 아니라 무상하여 생성(Becoming)하는 상호 존재이다. 그러기 때문에 하느님과 나는 다른 두 존재로 분열되어 있지 않고, 거리와 차별이 없이 내 안에서 나와 함께 나로서 살고 있다."라는 것이다.

그에게 인격적으로 임한 하느님을 향한 다음과 같은 고백이 있다. "지나온 모든 세월을 통해 내 인생에서 무언가 계속되고 있었다는 것을 달리 어떻게 말해야 할지 모르겠다. 그때 이미 거기 있었지만 숨겨져 있던 길을 모든 분투를 통해 마침내 발견한 것이 아니었다. 아니, 나는 그 길을 서서히 걸어와야 했다."

"하지만 그러는 가운데 내가 내린 모든 옳고 그른 결정들에서, 내 인생에 참여해 나를 지지해 주거나 힘겹게 한 사람들과의 관계 속에서, 그리고 내가 타인과 나 자신에게 준 기쁨과 고통 속에서 다른 무언가가 나를 지탱해 주고 격려해 주었던 것이다. 그것은 창조적이고 의지할 수 있는 것이었다. 그것은 하나님의 임재이고 영이었다. 이십 년 후 지난날들보다 더 명료해졌다. 그리고 나는 감사드렸다."

불교 연기사상(緣起思想)과 공(空)

석가 붓다가 보리수 아래서 얻은 깨달음 가운데 하나가 연기사상이다. 연기(緣起)란 어떤 현상이던 무엇을 연하여 함께 일어난다는 뜻이다. 어느 것도 홀로 생성되지 않는다는 것을 일컫는다. 즉 현상의 상호 의존관계를 가리킨다. 원시 불교의 경전인 잡아함경에는 석가 붓다가 깨달은 가르침이 이렇게 전해지고 있다.

"나는 그대들에게 인연법(因緣法)을 말하겠다. 무엇을 인연법이라고 하는가? 그것은 곧 이것이 있기 때문에 저것이 있다는 것을 말하는 것이다. 이것이 있기 때문에 저것이 있고, 이것이 일어나기 때문에 저것이 일어난다."

불교의 대표적 사상으로 공(空)이 있는데, 이 공은 연기의 다른 얼굴이다. 연기하지 않고 발생한 것은 아무것도 없기에 공이 아닌 사물은 아무것도 없다는 뜻이다. 불교의 공(空)은 어원적으로 산스크리트어의 '순야(Sunya)'로 '증강한다', '부풀어 오른다(To swell)', '확장한다(To expand)' 의미의 어원 '슈비(Sbi)'에서 비롯된 단어다.

이것은 존재론적으로 없다는 것을 의미하는 무(無)가 아니라 모든 상(相)이 상호 연계된 상태에서 끊임없이 운동, 변화하는 존재의 성격을 가리킨다. 요컨대 불교의 공은 독립된 개체가 분리되어 자존적으로 존재하지 않고, 만물이 관계성의 그물을 이루며 언제나 끊이지 않고 유전, 생성한다는 뜻이다.

내가 좋아하는 베트남 출신의 틱낫한 스님은 한 장의 얇은 종이 안에서도 우주 삼라만상이 존재한다는 사실을 깨달을 수 있다며, 우리는 스스로 홀로 존재할 수 없고 다른 모든 것과 함께 상호 존재하지 않을 수 없다는 그 유명한 '종이 한 장' 설법을 하였다. 그러면서 틱낫한은 온 우주를 하나의 머리카락 위에 둘 수 있고 태양과 달은 겨자씨 한 알에서도 볼 수 있다고 말한다.

또 베트남 리 왕조의 한 선승의 게송은 이렇다. "만일 그것이 존재하면 먼지 한 톨까지도 존재한다. 만일 그것이 존재하지 않으면 전 우주가 존재하지 않는다." 오늘 아침에 읽은 단일 임무를 수행하며 우주에 가장 오랫동안 머문 여성 우주비행사 크리스티나 코흐가 한 말도 마찬가지다.

그녀는 1년 가까이 우주에서 살면서 지구에 흐르는 물, 음식, 달콤한 냄새, 얼굴에 부는 바람, 해변의 파도 소리 등 지구가 선사해 주는 자연의 감각이 그리웠다고 했다. 그러면서 우주에서 본 지구는 어떤 경계도 보이지 않는, 우리는 모두 숨을 쉬고 적응하는 하나의 거대한 유기체 일부분이라고 말했다. 나, 그대, 자연, 우주의 모든 것은 연기요 공이다.

현존의 거처

틱낫한 스님이 말하는 정념이란 진정으로 순간에 있는 것, 진정으로 순간에 사는 것을 의미한다. 곧 내가 무언가를 먹을 때 먹고 있다는 것을 알고, 길을 걸을 때 길을 걷고 있다는 것을 알고 있음을 말한다. 지금 여기 일어나고 있는 것에 우리의 마음이 있으면 그것이 정념이다.

정념은 삶의 많은 부분에 즐거움과 기쁨과 거기에 완전히 있을 수 있도록 도움을 주는 에너지라고 틱낫한은 가르치고 있다. 한마디로 그는 나를 전적으로 현재에 머무는 능력으로 사는 것은 기적이며 나아가 매 순간순간을 깨어 있는 마음으로 사는 것이 다름 아닌 부활이라며 정념의 중요성을 이렇게 말했다.

"우리 안에는 지금 이 순간에 뿌리를 내리지 못하도록 우리를 채근하는 에너지가 있습니다. 그것은 우리가 지금 이 순간과 만나는 것을 방해하는 에너지입니다. 하지만 삶은 지금 여기에서만 현존합니다. 우리가 지금 이 순간을 벗어난다면 우리는 삶을 깊이 체험할 수 없습니다. 깨어 있는 마음으로 미소 짓기와 같은 수행을 통해, 우리는 마음을 몸 안으로 다시 가져올 수 있고 매 순간순간 진정으로 살 수 있습니다. 이런 명상 방법을 '부활 수행'이라고 부릅니다."

현재를 놓쳐 자신의 삶을 진정으로 향유하지 못하는 사람이 많다. 프랑스의 소설가 알베르 까뮈(Albert Camus)도 말하였듯이, 그들은 죽은 사람과 그다지 다르지 않다. 성경에서 예수는 이와 비슷한 이야기를 자신을 따르고자 했던 한 제자 이야기로 하고 있다. "죽은 자를, 죽은 자들로 장례를 치르게 하고 너는 나를 따르라."

그런데 틱낫한의 정념의 특징은 반드시 참여와 실천을 동반한다. 왜냐면 틱낫한은 붓다의 핵심 가르침이 독단적 신념이나 학설의 도그마(Dogma)가 아니라 또는 절대적인 진리를 향한 숭배가 아닌 참여와 실천으로 보고 있기 때문이다. 정념은 지금 현재 완전히 그곳에 있으면 나와 타인의 구별이 사라지는 연기적 상호 존재를 깨닫게 되고, 그것은 결국 타인의 고통을 치료하는 기적 같은 치료제가 된다. 그것이 정견 곧 '바른 견해'라고 말하고 있는 것이다.

틱낫한은 자신의 100%를 다해 현재에 머무는 능력으로 살면 그 순간이 곧 행복이라고 말한다. 왜냐면 행복은 과거나 미래가 아닌 지금 이 순간에만 가능하다고 보기 때문이다. 곰곰 생각해 보면 지금 이 순간만이 과거도 되고, 미래도 될 수 있다. 우주가 생겨난 이래 지금까지 '지금' 아닌 적이 있었겠는가. 모든 순간이 '지금'이었다. 그래서 '지금'은 짧막하게 사라지는 순간이 아니라 영원(Eternity)과 이어진다. 지금이 바로 영원에 해당하는 순간이다.

또 우리가 살면서 속한 모든 공간이 '여기' 아닌 적이 있었나. 단연코 없다. 그러니 지금 여기의 나는 무한(Infinity)과 연결이 된다. 시간적 영원, 공간적 무한 그 둘을 품은 게 지금 여기다.

5부 깨달음 이후 빨랫감

깨달음 이후에는 아무 일도 일어나지 않는다. 그는 다만 깨달을 것이 없다는 걸 깨달았을 뿐이다. 초자연적 실재도 초월적 깨달음도 없다.

실제를 아무런 두려움이나 공포 없이, 욕망의 흔적과 조바심 없이 관(觀)할 수 있을 때 그곳이 구원이고 법계(法界)다. 진리란 피곤하면 눕고 졸리면 자는 것일 뿐. 이 밖에 무슨 특별한 소식일랑 없다.

다산 정약용의 독서

다산 정약용 선생은 독서(讀書)야말로 집안을 살리는 일이고, 세상에서 가장 아름다운 일이라고 하였다. 그리고 인생에서 어려움을 겪은 것이 도리어 독서에 도움이 될 것이라고 말하였다. 다산은 자기 때문에 폐족이 되어 과거에 나가지 못하게 된 두 아들 학연과 학유에게 보낸 서신에서 독서의 가치와 소중함에 대해 다음과 같이 적고 있다.

"폐족은 과거를 보고 신하가 되는 일에만 문제가 있을 뿐, 성인이 되는 길에는 문제가 없다. 문장 공부에 거리낌이 없으니 지식과 이치(理致)에 통달한 선비가 되는데도 문제가 없다. 문제가 없을 뿐 아니라 유리한 점도 있다. 과거로 인한 폐단이 없으므로, 곤궁하고 가난하며 고통이 따르지만 마음과 뜻을 단련할 수 있으며 지혜와 사려가 발달하게 된다."

또 "사람과 사물의 실체에 대해서 두루 정확하게 알 수 있는 것이다. 따라서 선배 율곡 같은 분은 방황하다가 마음을 돌이켜 도(道)를 이루었고, 우담 정시한 선생 같은 분도 세상으로부터 배척당하고 나서 덕(德)을 이루었다. 성호 이익 선생은 가정에 화를 입고 나서 명성 높은 유학자가 되었다."

"너희들도 이 말을 들어 본 적이 있을 것이다. 이분들이 탁월하게 이룬 것은 대갓집 자제들이 할 수 있는 것이 아니다. 폐족이 되어 좋은 처지를 만났다고 하는 것은 무엇을 일컬음인가. 오로지 독서, 한 가지 일이 그렇다는 것이다. 독서는 인간이 할 수 있는 가장 깨끗한 일로, 좋은 옷을 입은 부잣집 자제는 그 맛을 알 수 없고 가난한 시골의 수재들도 그 오묘한 이치를 엿볼 수 없다."

독서는 참말로 변하지 않는 벗이요 인생의 안내자다. 생의 노년이 무료하시거든 책을 가까이하면 정말 좋을 것이다. 독서가 좋아서 평생을 책을 읽고 공자마저 비판한 명저 《명등도고록》을 쓴 '이지'라는 사람도 있다. 논어에서 공자께서도 독서의 이로움을 이렇게 말씀했다.

"내가 일찍이 하루 종일 먹지 않고 밤새 잠을 자지 않으면서 사색을 해 보았으나 전혀 이로움이 없었으니 공부하는 것만 못하였다. 사색 사유만으로 자신의 본성을 찾으려 하는 것이 책을 읽으면서 공부하는 것보다 낫지 않다." 이는 유교의 근간이 되는 철학 중 하나로, 불교와 가장 대별되는 지점이며 공자와 다산의 공통된 생각이다.

나도 얼마 전 다산의 책을 읽고 난 후에 짤막한 글 한 편을 써서 가족 카톡 방에 올렸더니 아내로부터는 눈치 없다는 소리를 들었고, 두 아들은 침묵했는데 다음과 같다. "다산이 독서야말로 집안을 살리는 일이며, 세상에서 가장 아름다운 일이라고 하시니 학교를 마치고도 돈

벌러 안 나가고 밤낮 책을 읽는 황이를 내버려두고 있다. 어디 집안이
일어나나 두고 보자."

우찌무라 간조의 구원론

나는 10여 년 가족기업 (주)인천경제자유구역서비스(www.ifezs.com) 홈페이지에 독서를 통해 만난 지혜서(智慧書)의 교훈을 축적해 가고 있다. 어느덧 602편이 된다. 그 가운데는 일본의 기독교 사상가이자 1861~1930년 격동기를 살았던 일본의 우찌무라 간조 신생의 명저《구원록》이 있다. 이 책이 들려주는 울림이 너무 크다.

어리숙한 나의 신앙으로 보아서도 아무나 쉬이 범접할 수 없는 통찰이 아닐 수 없다. 그리스도 구원론을 우찌무라 간조처럼 이야기하는 글을 나 또한 여태 만나 보지 못했다. 전통 기독교의 문자적 전승과 교리에 익숙한 기독교인이라면 놀라고 당황스러울 것이다. 하지만 곰곰 생각하면 그의 고백을 이해할 수 있다. 마음에 담아 두면 좋을 예수 그리스도 속죄와 구원에 대한 그의 신앙과 견해는 이렇게 적혀 있다.

"나는 나의 선행에 의하여 구원받는 것이 아니다. 나의 회개에 의해 구원받는 것이 아니다. 또 나의 신앙에 의해 구원받는 것도 아니다. 나는 신이 그리스도에게서 성취한 죄의 소멸에 의해서 구원받는다. 참으로 구원을 위해 내 쪽에서 할 수 있는 일은 하나도 없다. 완전히 신 쪽에서 하는 일이다. 내 구원은 내가 아직 모를 때 나를 위해 이미 이루어졌다. 그리고 나는 단지 그 구원을 인정하고 그것에 들어간 것에 불과

하다."

또 그는 우리의 것에 대해서는 이렇게 말했다. "나는 그리스도인이다. 까닭에 이 자연계에서 내게 낯선 것은 아무것도 없다고 생각한다. 왜냐면 바울이나 아볼로나, 베드로나 세상이나, 삶이나 죽음이나, 현재 것이나 장래 것이나 모든 것이 다 우리의 것이기 때문이다. 그리고 우리는 그리스도의 것이고 그리스도는 하나님의 것이다."

그리고 자연과 사람에 대해 그는 이렇게 말한다. "자연과 사귀는 자는 우주의 운행과 함께 조용하고 평화로울 수밖에 없다. 그러나 자연이 사람에게 주는 감동은 수동적이지 주도적인 것은 아니다. 자연은 즐거운 사람에게는 즐겁게 보이고 슬퍼하는 사람에게는 슬프게 보인다. 자신의 죄에 대해 말하기를, 자신의 죄를 인정하는 것은 좋은 일이다. 그러나 그것을 계속 주목하는 것은 그리 현명한 일이 아니다. 죄의 고통에서 놓여나려면 죄를 보지 않는 게 최선이기 때문이다."

깨달음 이후 빨랫감

그리스도인인 나는 불교의 정수 금강경을 다음과 같이 재삼 읽었다. 늦게나마 이렇게 이해할 수 있게 되어 마음 기쁘고 몸은 가볍다. 깨달음 이후에는 무슨 일이 일어날까? 놀랍게도 아무 일도 일어나지 않는다. 그는 다만 깨달을 것이 없다는 걸 깨달았을 뿐이기 때문이다. 그런 점에서 불법(佛法)은 싱겁기 그지없다고 해야 할까?

조주 선사는 학인이 부처의 진리를 물을라치면, "차나 한잔하시게." 권했다. 여기에는 아무런 신비적인 낌새가 없다. 그야말로 액면 그대로다. 선의 불교를 심각하게 말하는 것을 무엇보다 경계하고 있다. 오죽하면 붓다를 향해 "똥 닦는 막대기"라며 불경(不敬)을 서슴지 않았겠는가.

단하천연(丹霞天然, 738~824) 스님은 춥다며 법당의 목불(木佛)을 도끼로 쪼개어 캠프파이어(Campfire)를 했다. 놀란 주지가 억장이 무너져 발을 동동 구르자 단하천연은 태연히 "우리 부처님 사리가 얼마나 나오는지 궁금해서"라며 이리저리 재를 뒤적였다. 초자연적 실재도 없고 초월적 깨달음도 헛소리라는 일갈이다. 지금 여기 있는 것이 전부라는 가르침이다.

실제(實際)를 아무런 두려움이나 공포 없이, 욕망의 흔적과 조바심 없이 관(觀)할 수 있을 때 그곳이 구원이고 법계(法界)라는 것. 진리란 피곤하면 눕고 졸리면 자는 것일 뿐, 이 밖에 무슨 특별한 소식은 없다는 것이다. 마음의 창고에 아무런 찌꺼기나 흔적을 남기지 않고 또 내일 다가올 일을 걱정하지 않는 사람, 그 사람이 다름 아닌 부처라는 것이다.

불교에서는 깨달음의 방법론을 놓고 돈오(頓悟)와 점수(漸修)라는 오랜 논쟁이 있다. 돈오는 얕고 깊은 차례를 거치지 않고 처음부터 일순간 단박에 깨우침을 얻는 것이고, 점수는 오래오래 두고 닦아 깨달음을 얻는 것이다. 이 둘은 어느 것이 옳고 그르고의 문제가 아니다. 서로를 지켜 주고 보완해 주는 새의 두 날개이며 수레의 두 바퀴다.

옛날 옛적 지눌 선사께서는 돈오를 '마음의 실상에 대한 지적 이해'라고 말했다. 이는 깨달음을 가장 알맞게 해석한 것이며 또 일반 대중이 이해하기 쉽도록 깨달음이 무엇인가에 대한 적절하고 간결한 정리가 아닌가 싶다. 그 돈오를 살아가는 것이 점수에 속한다. 점수는 끝이 없는 심화와 지속의 실천적 과정이다. 깨달음 한 번에 일대사인연(一大事因緣)을 마치겠다는 턱없는 과욕과 오만을 버리라는 말씀이다.

경허대사의 탄식인지 자부인지 모를 다음과 같은 이야기가 있다. "돈오라는 점에서 내가 어디 부처와 다르겠느냐만, 다생(多生)의 습기(習氣)가 깊어서 바람은 멎었으나 물결은 아직 일렁이고, 진리를 알았지만 상념(想念)과 정념(情念)이 여전히 침노한다."

전체의 모습

나는 전체라는 뜻을 다 알지는 못하지만 이 용어를 무척 좋아한다. 독서를 통해 만난 것인데 절대 존재의 모습을 원대하게 표현한, 현생 인류가 최고의 의식 단계가 아닌가 싶다. 인간이 하나님을 전체라는 뜻과 모습으로 상상하고 인식하게 된 것은 인류의 가장 큰 진보 중의 하나다.

나는 지혜자들이 전체의 인식을 통해 절대 진리를 만난 다양한 책을 읽을 때마다 시공간을 넘어 불어오는 시원한 생각에 기쁨이 크다. 그런 인식의 전통을 타고난 우리가 전체를 잊고 살아가고 있다. 지존자의 모습을 개체 모습으로 만들어 위로하며 우리도 함께 개체가 된 것이 아닌지 돌아보아야 한다. 전체를 생각지 않음은 개체의 욕심이기에 그렇다. 예수와 석가가 어떤 형상도 만들지 말라는 유언도 그 때문일 것이다.

인류 스승들은 사람들이 전체를 찾지 못하는 까닭으로 식색(食色)을 지적한다. 재물과 권력과 남녀 관계가 인생이라며 스스로 속이는 삶을 지적한 것인데 바로잡자면 밥도 처자도 잊어야 한다. 나에게도 그런 날이 올 수 있을까 싶다. 인도의 시인 타고르는 전체를 발견하고 만난 이다. 그의 詩 〈The heart of God〉에는 그가 만난 전체의 발자국 소리와 냄새가 이렇게 적혀 있다.

> 님이 나를 만나고자 언제부터 내게 가까이 오신지를 나는 모릅니다. 님의 해와 별도 님을 나로부터 영원히 숨기지는 못합니다. 아침저녁 여러 번 당신의 발자국 소리를 들었습니다. 그리고 님의 얼이 내 마음속에 와서 가만히 나를 불렀습니다. 어찌하여 오늘 내 삶이 온통 들뜨고 떨리는 듯한 기쁨이 내 가슴속을 지나가는지를 모릅니다. 나의 일을 끝낼 때쯤이면 나는 대기(大氣) 속에서 님의 은은한 향기로운 냄새를 느낍니다.

부처의 죽음

부처가 사왓띠의 동쪽 승원 미가라마뚜 강당에 있을 때의 일이다. 저녁 명상을 마친 부처는 석양 아래 앉아 있었다. 이때 부처의 제자 아난다가 부처에게 와서 손과 발을 문질러 드리면서 말했다. "놀라운 일입니다. 안색이 맑지 않고 빛나지 않으며 사지는 주름지고 물렁해졌습니다. 등도 앞으로 굽고 감각 기관의 변화가 눈에 보입니다." 이에 부처가 아난다에게 말했다.

"그렇다. 아난다여. 젊은 사람은 늙게 마련이고, 건강한 사람은 병들게 마련이고, 살아 있는 사람은 죽게 마련이다. 안색은 더 이상 예전처럼 맑지 않고 빛나지 않는다. 나의 사지는 주름지고 물렁해졌고 등은 굽고 감각 기관의 변화가 눈에 보인다." 늙어 가는 부처의 이 말은 참으로 솔직하고 구체적이다. 부처도 풍병을 자주 앓았다. 부처의 마지막 말은 "모든 형성된 것은 무너지게 마련이다. 부지런히 정진하라."이었다. 느낌과 지각과 형성과 의식은 무상하다는 것이었다.

사라지지 않는 것들이 어디 있을까. 사람의 몸, 꽃, 새, 풀벌레, 물고기, 짐승 등은 반드시 사라진다. 태양계의 자매 행성인 화성에도 과거에는 많은 물이 흘렀고 강과 바다가 있었다. 아마도 생명체가 있었던 것으로 짐작되고 있다. 태양마저도 약 50억 년 후면 풍선처럼 터져 사라질 것으로 예측되고 있다.

오늘 아침 일찍 일어나 아내와 두 아들의 자는 모습을 보며, 또 산책 중에 검팽나무, 벚나무, 은행나무잎 하나둘 공중의 가지에서 떨어지는 모습을 보면서 이런 생각을 하게 된다. "나는 가고 없다. 가고 없는 내가 다시 돌아와 오늘을 산다. 함께 있어 준 것만도 감사하고, 우리 서로 그런 꿈과 추억을 안고 영원한 것이다."

또 생각해 본다. 불교의 윤회론이 실제적인 성악설이라는 점에서 윤회론은 일체중생 실유불성 또는 일체중생 이미 부처 사상과 충돌한다. 중생이 부처라면 설사 윤회를 하지 않더라도 이미 부처일 것이다.

불법의 정수는 이렇다. 다른 동물(축생과 인간)을 자기 뜻대로 부리려는 탐욕과 그게 뜻대로 되지 않을 때 일어나는 증오를 일체의 선입관 없이 관(觀)하라는 것이다. 그 결과로 탐욕과 증오의 주체라 생각하는 내가 비어 있고 없음을 즉 무아와 공이라는 것을 바라볼 수 있으면, 바로 지금 고통을 벗어날 수 있다는 것이다.

불교의 초기 경전 숫타니파타에는 제자 캅파가 늙음과 죽음에 대한 질문에 붓다는 이렇게 대답했다. "캅파여, 어떤 소유도 없고 집착도 없고 취할 것도 없는 것, 이것이 바로 의지할 만한 섬이다. 그것을 열반이라고 한다. 그것은 늙음과 죽음의 소멸이다."

법구경 제85편, 86편에서는 붓다가 이렇게 말했다. "오직 몇 안 되는 사람만이 니르바나, 저 피안(彼岸)의 언덕에 이른다. 혹 어떤 이가 마음을 내도 대게는 이쪽 강기슭을 서성거릴 뿐이다. 그러나 진실로 진리를 따르는 사람은 건너기 어려운 죽음의 강을 건너 머지않아 저쪽 기슭, 피안에 이르리라."

공자 최후의 20년

63세 공자가 조국 노나라를 떠나 진나라와 초나라로 가는 길은 희망의 여정이었다. 그 노정에서 은자를 만나거나 스쳐 지나간 것은 어쩌면 공자 속에 은둔하고 있는 도가적이고 은자적인 또 다른 자신과 대화일 수 있다. 진나라를 떠난 지 얼마 지나지 않아 아마도 진나라 국경을 벗어나기도 전에 공자 일행은 포위를 당해 식량이 떨어지고 제자들은 굶어서 쓰러지는 지경에 이른 듯하다.

그러나 공자는 흐트러짐 없이 가르치고 거문고를 뜯으며 지냈다. 하지만 제자들에게 지난 9년이란 세월은 애쓰고 정진한 보상치고는 너무 참담한 것이었다. 이에 제자 자로가 화가 나서 공자에게 물었다. "우리는 이상을 품고 부지런히 도를 실천하였는데 군자도 이처럼 곤궁할 때가 있습니까?" 그러자 공자가 태연하게 대답했다. "군자는 곤궁해도 도를 지키고 실천하지만, 소인은 곤궁해지면 닥치는 대로 행하며 탈선하게 된다."

공자의 이 같은 대답에도 제자들의 분노는 가라앉지 않고 연이어 세 명의 제자가 공자를 찾아와 똑같은 질문을 던졌다. "스승님, 우리는 코뿔소도 아니고 호랑이도 아닌데 왜 정착하지 못하고 광야에서 방황해야 합니까? 또 스승님의 도(道)는 너무 크고 원대해 받아들여지기가 힘듭니다. 어째서 자신의 도를 조금이라도 낮추지 않으십니까?"

그러자 공자가 언짢아하며 이렇게 말했다. "사야(자공)! 농부가 씨를 뿌렸는데 뿌린 것 모두를 거둘 수 있겠느냐? 장인이 만든 정교한 작품이라도 모든 사람이 마음에 들어 하지는 않는다. 군자가 도를 통달하였다고 해서 반드시 기용되는 것도 아니다."

애제자 안회(顔回)가 마지막으로 말했다. "선생님의 도는 천하 어느 나라에서도 받아들이기 어렵다. 그렇지만 그들이 받아들이지 않는다고 해서 무슨 걱정이 있겠습니까? 받아들여 지지 않은 연후에 더욱더 군자의 참모습이 드러날 것입니다." 이에 공자는 기뻐했다.

공자의 생애 마지막 5년간은 자신을 따르고 고락을 함께하며 주유했던 대부분 초기 제자들이 정치 실무자가 되어 있는 잔인한 현실과 마주했다. 초기 제자 가운데 어떤 제자는 떠났고(자로), 어떤 제자는 죽었고(안회), 어떤 제자는 정사에 종사하느라 바빴다. 끝까지 공자 곁에 남아 있던 대다수는 공자 후기의 나이 어린 제자들이다. 그들에 의해 공자의 말씀이 후대에 전해질 수 있었다.

논어 태백편은 공자의 말씀을 이렇게 전하고 있다. "정의가 행해지는 나라에 살면서 가난한 것은 부끄러운 일이다. 그러나 불의가 통하는 나라에서 부자라든지 지위가 높다든지 하는 것은 더욱 부끄러운 일이다. 또 공자께서는 네 가지를 하지 않았다. 사사로운 뜻을 갖는 일이 없으셨고, 기필코 해야 한다는 일이 없으셨으며, 무리하게 고집부리는 일도 없으셨고, 자신만을 내세우려는 일도 없으셨다." 어느 곳이 강을 건널 수 있는 나루터일지 황하를 바라보며 상념에 잠겼을 공자 최후 20년이 생각이 나는 계절이다.

헨리 나우웬의 집

1932년 북유럽의 네덜란드 네이께르끄에서 태어난 헨리 나우웬(Henri J. M. Nouwen, 1932—1996)은 예수회 사제로 심리학, 종교학, 정신의학, 신학을 공부하고 존경받는 교수이자 학자로서 학생들을 가르쳤다. 이런 헨리 나우웬의 삶이 1981년을 기점으로 큰 변화를 맞이하게 된다.

그 무렵 그는 하나님 사랑에 빚진 자로서 거룩한 부담감을 안고 페루 빈민가로 떠나 한동안 그곳 민중들과 함께 지냈다. 이후 다시 대학 강단으로 돌아와 3년간 하버드대학교 신학부에서 강의를 맡았으나 그는 더 이상 이 같은 삶에서 영혼의 안식을 찾지 못하고 1986년 새로운 부르심에 순종하기로 결심한다.

그리고 1996년 9월 심장마비로 소천하기까지 10년 동안 캐나다 발달장애인 공동체인 라르쉬 데이브레이크에 살면서 예수 그리스도를 따르는 삶을 몸소 실천하였다. 그는 외로움과 불안, 상처 등 마음의 감옥에 갇혀 있는 현대인을 말씀으로 위로하고 내적자유의 길을 제시했다. 책 속에서 자기 마음속 고뇌와 성찰을 활짝 열어 보인 그는 상처 입은 치유자로서 큰 공감을 불러일으켰다.

또 깊은 말씀 묵상과 기도 생활에서 나온 압축된 문장들은 수많은 이

들을 깊은 영성 세계로 초대했다. 헨리 나우웬의 강론을 엮은《귀향의 영성》에는 그의 영성의 정수가 그렇게 담겨 있다. 예수님을 자신의 집으로 삼아 하루하루를 살았던 그의 신앙과 영성이 '집'으로 묘사되어 있다. 그는 이렇게 말했다. "우리의 몸은 나의 집인 동시에 하나님의 집이라고. 그리고 우리 마음은 하나님을 만나는 장소다."

예배드릴 장소

나는 초가지붕을 인, 오래된 장로교회를 어릴 적부터 다녔다. 중·고등학교 시절은 교회 유치부 교사로 일주일에 두세 번 100여 명이 넘는 주일학교 아이들을 심방하고 교회에서 가르쳤다. 일요일은 거룩하게 보내기 위해 상업고등학교 학생에게는 취업에 필수적 요건이던 주산과 부기 국가 검정 시험을 부러 응시하지 않았다.

그리고 성인이 되어 조그만 교회를 개척한 경험과 해외 선교활동 경험이 있다. 돌아보면 일요일에 안식하지 못하고 쉼 없는 행군 같은 날이었다. 그러면서 언제부턴가 곰곰 생각해 보고 알게 되었다. 건물의 교회와 조직의 교회와 성직자 중심의 교회에 더는 나의 안식을 잃어버려서는 안 된다는 것을.

성경 요한복음에도 이와 비슷한 한 여인의 고민이 기록되어 있다. 예수가 유대를 떠나 갈릴리로 가시면서 사마리아에 있는 수가라 하는 동네에 이르러 피곤하여 야곱의 우물 곁에 쉬고 있을 때, 한 사마리아 여인이 물을 길으러 왔다가 예수를 만나 대화를 나눈다. 그리고는 이런 질문을 예수에게 던진다. "우리가 예배드릴 곳이 예루살렘 성전인가요? 아니면 이 산인가요?" 그때 예수는 "그 어디도 아니다."라고 대답했다.

예수의 신앙은 육체와 더불어 벌어지는 공간 신앙, 건물 신앙이 아니었기 때문이다. 지금도 우리는 성지(聖地)라는 말을 자주 쓰고 있으나 사실 기독교는 성지를 중요시하는 공간 종교가 되어서는 안 된다. 오히려 예수가 소중히 여긴 것이 있다면 믿음으로 모인 인간애(人間愛)가 깃든 삶의 집단이었다. 예수가 가르쳤던 장소는 저잣거리와 길모퉁이, 바람 부는 호수의 언덕이었다. 공간의 그릇에 담겨야 할 사랑의 삶이 귀했던 것이다.

최근 십자가도, 무슨 무슨 교회라는 이름도 내걸지 않고 진리의 말씀을 전하는 깨어 있는 교회도 있다. 나는 무교회주의자는 아니건만 일요일에 안식하지 못하고 온종일 교회 생활에 매이는 것은 바람직하지 않다고 생각한다. 먼 훗날 우리가 하나님 앞에 설 때 주님께서는 우리에게 어떤 종교에 속했느냐 묻지 않고, 너는 네 이웃에게 어떤 사람이었느냐고 물으실 것이다.

임제 의현 스님의 불법

어느 날 임제 의현 스님이 수행자들을 향해 다음과 같이 말했다. "수행자들이여! 산승이 바깥에는 법이 없다고 이야기하면 학인들은 알아듣지 못하고 곧 안에 법이 있나 하고 이해하려 든다. 그리고는 이내 벽을 향해 앉아 허를 입천장에 붙이고 가만히 움직이지 않는다."

"그리고 이것이 조사 문중의 불법이라 집착한다. 그러나 이는 정말로 잘못 아는 것이다. 그대들이 만약 움직임이 없는 청정한 경계를 옳다고 여긴다면 그대들은 무명을 주인으로 삼는 것이나 다를 바가 없다. 옛사람이 말하기를 '깊고 깊은 캄캄한 구덩이는 참으로 무섭고 두렵다' 하였는데 이를 두고 한 말이다."

텅 빈 공을 자주 이야기하다 보니 우리는 공(空)에 집착한다. 있음의 상대적인 개념으로서 공을 말하는 것인데 이를 이해하지 못하고 허망하게 텅 비어 있음을 진리로 생각하는 것이다. 그러다 보면 생각이 없이 멍하게 앉아 있는 것을 공이라 착각하게 된다. 공은 집착이 끊어진 자리다. 아무런 생각이 없는 텅 빈 그런 상태가 아니다.

힐렐이나 가말리엘

나는 어려서부터 주님의 사랑으로 땅끝마을이 있는 전라남도 해남군 현산면 고현리 초가집 지붕의 장로교회를 다녔다. 서울로 이사 와 상업고등학교를 졸업하고 직장 생활을 시작하자 동료들이 내게 붙여 준 별명은 '목사'이었다.

나는 목회자가 될까 고민하며 방황했던 청춘의 날이 짧지 않다. 지금 돌아보면 그 길을 가지 않았음이 잘했다고 생각한다. 목자로서의 희생과 사회의 솔선수범의 삶을 감당 못 했을 게 뻔하기 때문이다.

세상에서 위대한 종교가라 일컫는 사람은 도리어 신학교 출신이 많지 않다. 구약성경의 예언자인 디셉 출신 엘리야는 길르앗의 야인이었다. 그가 택한 후계자는 소 열두 거리를 몰던 사밧의 아들 엘리사였고 또 원칙에 충실하다 사자굴에 던져진 다니엘은 포로 신분의 바벨론 관리였고, 선지자 아모스는 드고아의 농부였으며 19세기 기독교를 대표하는 드와이트 무디 목사는 초등학교 학력의 세탁소 일꾼이었다.

그리고 하나님이 그의 아들 예수 그리스도를 세상에 보냈을 때 당대 최고의 힐렐이나 가말리엘 문하에서 배우게 하지 않고 벽촌 나사렛에 두었다. 레바논의 흰 봉우리와 비손의 맑은 시냇물이 예수를 가르치게

하셨다. 그러니 신학을 공부했다는 사람들을 향해 기죽지도 너무 의존
도 마시기 바란다. 이젠 다양하고 깊은 독서와 사색을 통해서도 곧 유
일하신 하나님과 그의 보내신 자 예수 그리스도를 알 수 있는 시대다.

그렇다고 교회 생활이 나쁘다고 말하는 게 아니다. 하나님은 빈 마음
에 찾아오신다. 세상의 돈, 권력, 명예로부터 자유롭지 못한 교회와 목
사의 마음에는 하나님이 계시지 않는다. 최근 서울 명성교회 세습 결
정은 기독교의 근본정신에도 어긋나고 건전한 상식에도 반하는 대단
히 잘못된 결정이다. 나는 한국 기독교의 큰 수치로 부끄럽게 생각한
다. 예수가 가르친 진리가 무엇인지를 집중해야 한다.

단순한 기도

고향 마을 초가집 지붕 교회를 다니셨던 지금은 또 다른 하나님 나라에 가고 안 계신 어머니께서 저에게 늘 이렇게 말씀하셨다. "성만아! 나는 늘 하나님 아버지께 말하듯이 중얼거리며 기도한다. 기도하는 방법은 잘 모르지만 말하듯이 해도 하나님이 들으실 것 같아서다." 그리고는 이런 말씀을 남기고 가셨다. "하는 일 잘하고, 건강하고, 즐겁게 살아라."

어머니의 그 단순한 기도가 생각난다. 사실 우리는 기도와 섬김을 통해 하나님의 임재를 연습한다. 기도는 우리가 이 순간에 현존하며 하나님의 음성을 듣는 길이다. 기도는 하나님의 음성을 듣는 경청의 훈련이고 하나님과 함께하는 훈련인 것이다. 꼭 말이 많거나 생각이 깊거나 특정한 사고방식을 따르지 않아도 된다.

그냥 하나님의 임재 안에 있으면서 아뢰면 되는 것이다. 기도란 이렇게 단순한 것이다. 하나님은 언제나 우리가 있는 곳에 계시기 때문이다. 하나님은 지금 여기에 우리와 함께 계신다. 기도란 과거도 미래에도 아닌 하나님과 함께 현재 속에 있는 것이다.

비교하지 마라, 하나뿐인 삶

비교하지 마라. 당신은 무변허공(無邊虛空) 우주에서 그 누구 그 무엇과도 대체할 수 없는 세상 하나뿐인 존재다. 당신의 삶 또한 당신만의 고유하고 유일한 삶 자체다 결코 남에게 보이기 위한 인생이 아니다. 그러니 나 같은 사람 당신 같은 사람은 전에도 없었고 앞으로도 없을 것이다.

우리는 남보다 우월하거나 열등하지 않고 더 낫거나 더 나쁘지도 않다. 우리는 서로 다르고 독특하며 신비로이 펼쳐진 우주 안에서 각자 고유한 역할을 수행한다.

내 역할이 크든 작든 그 역할 수행하는 데 시간이 얼마가 걸리든 또 내가 탁월한 자이든 굶주리는 자이든 그런 건 중요하지 않다. 내 역할과 기여가 어떤 모습으로 드러나든 그것은 나밖에 할 수 없는 일이다. 다른 역할 다른 사람의 역할을 행하려고 애쓰는 것은 어리석은 일이다.

예수는 인류 역사상 분명 고유한 역할을 수행한 고유한 개인이었다. 예수는 그것을 충분히 자각하고 있었으며 다른 이들도 모두 각자가 고유하다는 것을 알고 있었다. 그는 자기 앞에 있는 사람을 그저 한 명의 거지나 로마 병사 혹은 바리사이, 부유한 젊은이로 보지 않고, 고유한

한 사람으로 보았다. 예수는 이러한 태도를 아버지 하나님에게서 배웠다. 하나님은 조건 없는 사랑으로 우리 각자를 고유한 개인으로 껴안으시며 저마다의 고유성을 사랑하신다.

하나님의 거처

드넓은 무변허공(無邊虛空) 우주를 지으신 하나님께서 우리 은하 태양계 행성 지구별에서 거하신 하나님 거처의 크기를 아십니까. 하나님께서 거하신 지상의 회막의 크기는 18.9평 이었다. 모세를 만났던 지성소는 6.3평이었다. 돌아보면 우리 대부분은 하나님의 거처보다 크고 넓은 곳에 거하고 있다.

나는 언젠가 이스라엘의 가버나움 회당을 가 본 적이 있다. 웅장한 대리석 기둥과 건물 규모는 오늘날 현대 교회 예배당과 비교해도 손색이 없었다. 그런데 그 웅장하고 화려한 예배당을 허문 장본인이 누군 줄 아시는가.

바로 나사렛 예수다. 그러니 거대하고 웅장하고 화려한 오늘날의 교회 예배당에는 하나님은 거하실까? 이제 조직관리의 교회와 건물의 교회를 허물어야 하지 않을까.

깨끗한 힘

나는 요즘 오십 고개 접어든 경북 김천에서 나고 자란 구수한 시골뜨기 문태준 시인의 에세이집 《바람이 불면 바람이 부는 나무가 되지요》를 읽고 있다. 그는 존재와 관계의 본질을 성찰하는 시들을 쓴다.

시인이 댓돌 위에 벗어 놓은 두 짝의 흰 고무신을 소재로 소박하고 큰 사람 외곬의 화가 장욱진 화가에 대해 적은 글이 있다. 장욱진이 그린 〈공기놀이〉, 〈독〉, 〈가족도〉 등은 언제 보아도 참 그의 고독과 눈물이 흘러나올 듯하다. 시인은 화가 장욱진의 삶을 이렇게 말하고 있다.

"나는 그의 삶과 예술 세계를 살펴보면서 깨끗한 힘 같은 것을 느꼈다. 자신의 안과 바깥을 제어하고 덜 소유하고자 애쓰면서 검소하면서도 누추하지 않고 자신의 선택과 일상에 몰입하고 또 즐기면서 순진한 동심을 끝까지 유지하려고 했던 그 애씀 같은 것을 뭉클하게 느꼈다. 마치 저 먼 산속 설원에 우뚝 선 빈 가지의 한 그루 나무처럼 느껴졌다."

이 글을 읽고 나는 생각해 본다. 인생을 잘 산다는 것은 무엇일까? 그러면서 다짐해 본다. 추하게 늙지를 말아야겠다. 힘을 갖더라도 깨끗한 힘이어야 한다. 내가 나에게, 내가 자식들 앞에서, 또 내가 아내와 부모 곁에서 그리고 이웃과 사회와 국가에도.

성철 스님의 불교

성철 스님은 불교를 과연 어떻게 바라보았을까? 또 진리를 바라보는 관점은 어떠했을까? 무척 궁금했는데 이렇게 말한 대목을 발견했다. 역시 성철 스님이구나 하는 생각이 저절로 든다. 나름 요약해 옮기자면 다음과 같다.

"영원한 진리라고 하면 막연하지요? 또 내가 불교인이니 영원한 진리란 불교밖에 없는 거 아닌가 하고 혹 볼 수도 있겠지요? 내 견문이 그리 넓지는 않지만 지금까지 살아오면서 여러 가지 살펴보고 이리저리 더러 해 보기도 했는데 불교가 가장 뛰어난 것 같습니다. 그래서 지금도 불교를 그대로 하고 있고 앞으로도 이렇게 살 것입니다."

"하지만 만약 앞으로라도 불교 이상의 진리가 있다는 것이 확실하면 당장 벗어 버릴 것입니다. 나는 진리를 위해서 불교를 택한 것이지, 불교를 위해서 진리를 택한 것이 아닙니다. 그러니 언제든 진리를 위해서 산다는 이 근본 자세는 조금도 변동이 안 될 일입니다. 그리고 여하한 일이 있더라도 절대로 비단옷은 안 입겠다고 다짐했습니다."

"음식은 적게 먹고 맛있는 것은 안 먹기로 했습니다. 사는 곳도 화려하고 좋은 집에는 안 살기로 했어요. 참으로 진리를 위해 살려면 세속적

인 일체 명리는 다 버려야 합니다. 만약 그것이 앞서면 진리는 세속적
인 영리를 추구하는 일종의 도구가 되어 버리니까요."

퇴계가 고향에 머문 이유

퇴계는 50세 이후 고향의 한적한 시냇가에 도산서당을 세웠다. 그의 학덕을 사모하여 모여드는 제자들을 가르치며 성리학의 연구와 저술에 몰두했다. 조정에서는 성균관 대사성, 홍문관과 예문관의 대제학, 공조판서, 예조판서 등 높은 관직을 제수했으나 받지 않고 마지못해 나갔어도 곧 귀향을 되풀이했다.

퇴계가 관직에 나가기를 싫어한 것은 그의 뜻이 학문과 교육에 있었기 때문이지만, 계속되는 사화, 살얼음을 밟듯 주위를 살피며 살아야 하는 선비의 위태로운 현실을 보며 퇴계는 조정에 나서길 자제했던 것이다. 퇴계는 벼슬에 나갈 수 없는 이유를 그의 서신에서 이렇게 적고 있다.

"나는 일찍이 우리나라 선비 중에 조금이나마 뜻을 가지고 도의를 좇은 사람 거의가 세상의 환란에 걸린 것을 이상하게 여겼습니다. 이것은 땅 좁고 인심 박한 까닭이기는 하지만, 역시 그들 스스로를 위한 계획이 미진했기 때문에 그러했습니다. 이른바 미진했다 함은 다름이 아니라 학문을 이루지도 못했으면서 자신을 높이고, 시대를 헤아리지도 못했으면서 세상을 일구는 데에 용감했던 것입니다. 이것이 바로 실패한 까닭이니 큰 이름을 걸고 큰일을 맡은 사람은 반드시 경계해야 합니다."

"그러므로 스스로를 너무 높이거나 세상을 일구는 데에 너무 용감하지 않을 것이며, 모든 일에 자신의 주장을 너무 지나치게 내세우지 말 것입니다. 바야흐로 춥고 얼음 어는 철입니다. 시대를 위하여 자신을 소중히 하시기 바랍니다. 거듭 삼가며 절하며 아룁니다. 퇴계."

참고 문헌

· 《다산 사상과 서학》 송영배·이향만 외 3인 저 / 경인문화사 펴냄, 2013년

· 《세계 종교의 역사》 리처드 할러웨이 저 / 소소의책 펴냄, 2022년

· 《기독교 강요》 존 칼빈 저 / CH북스 펴냄, 2020년

· 《감옥으로부터의 사색》 신영복 저 / 돌베게 펴냄, 2016년

· 《노자 평전》 쉬캉성 저 / 미다스북스 펴냄, 2005년

· 《위대한 침묵》 이윤기 저 / 민음사 펴냄, 2011년

· 《고독한 산책자의 몽상》 장자크 루소 저 / 문학동네 펴냄, 2023년

· 《사후대책》 조정민 저 / 두란노서원 펴냄, 2020년

· 《소태산 평전》 이혜화 저 / 북바이북 펴냄, 2018년

· 《완역해설, 논어》 장기근 · 권갑현 저 / 명문당 펴냄, 2019년

· 《붓다 평전》 백금남 저 / 도서출판 무한, 2020년

· 《요가난다, 영혼의 자서전》 파라마한사 요가난다 저 / 도서출판 두레, 2020년

· 《요한계시록》 박호용 저 / 쿰란출판사, 2020년

· 《상실 수업》 엘리자베스 퀴블러 로스·데이비드 케슬러 저 / 인빅투스, 2014년

· 《다석 류영모 어록》 박영호 저 / 도서출판 두레, 2006년

· 《오래된 미래》 헬레나 오르베리 호지 저 / 도서출판 중앙books, 2015년

· 《마음의 미래》 미치오카쿠 저 / 김영사 펴냄, 2021년

· 《아름다운 삶, 사랑 그리고 마무리》 헬렌 니어링 저 / 도서출판 보리, 2022년

· 《동경대전 1, 2권》 김용옥 저 / 도서출판 통나무, 2021년

· 《칼 바르트의 신학》 김영용 저 / 도서출판 이레서원, 2007년

· 《인생이란 무엇인가》 레프 톨스토이 저 / 동서문화사 펴냄, 2021년

· 《퇴계 편지 백 편》 이정로 저 / 도서출판 수류화개, 2020년

· 《우주는 어떻게 시작되었는가》 마쓰바라 다카히코 저 / 리가서재 펴냄, 2022년

· 《노자와 장자에 기대어》 최진석 저 / 북루덴스 펴냄, 2022년

· 《이젠, 죽을 수 있게 해줘》 M. 스캇 펙 저 / 율리시즈 펴냄, 2013년

· 《위대한 설계》 스티븐 호킹 저 / 까치글방 펴냄, 2010년

· 《상처받지 않는 영혼》 마이클 싱어 저 / 라이팅하우스 펴냄, 2014년

· 《도올의 마가복음 강해》 김용옥 저 / 도서출판 통나무, 2019년

· 《뇌, 하나님 설계의 비밀》 티머시 R. 제닝스 지음, 윤종석 옮김 / 도서출판 CUP, 2015년

· 《탄허록 呑虛錄》 탄허스님(1913~1983) 지음 / 한겨레출판(주) 펴냄, 2012년

· 《우파니샤드 Upanishads》 정창영 편역 / 도서출판 무지개다리너머, 2016년

· 《요한이 전한 복음》 옥한흠 목사 지음 / 국제제자훈련원 펴냄, 2002년

· 《우리들의 하느님》 동화작가 권정생 지음 / 녹색평론사 펴냄, 2016년

· 《빌뱅이 언덕》 동화작가 권정생 지음 / 창비 펴냄, 2012년

· 《하나님의 눈》 이성만 지음 / 좋은땅 펴냄, 2020년

· 《바람이 불면 바람이 부는 나무가 되지요》 문태준 지음 / 마음의숲 펴냄, 2020년

· 《다산의 공부》 송석구 김장경 지음 / 한스컨텐츠 펴냄, 2017년

· 《믿음이란 무엇인가》 박형진 지음 / 젠토피아 펴냄, 2018년

· 《비교하지 마라 세상 하나뿐인 고유한 너의 삶》 이성만 지음 / 좋은땅 펴냄, 2019년

· 《구안록(求安錄)》 우치무라 간조(1861~1930) 저, 양현혜 옮김 / 포이에마 펴냄, 2016년

· 《내 안에서 나를 만드는 것들》 애덤 스미스 지음 / 세계사출판 펴냄, 2015년

· 《전능자의 그늘》 엘리자베스 엘리엇 저, 윤종석 옮김 / 복 있는 사람 펴냄, 2008년

· 《공자, 최후의 20년》 왕건문 지음 / 글항아리 펴냄, 2010년

· 《오늘의 예수》 앨버트 놀런 저, 유정원 옮김 / 분도출판사 펴냄, 2011년

· 《예수가 외면한 그 한가지 질문》 오강남 지음 / 현암사 펴냄, 2002년

· 《붓다의 치명적 농담》 한형조 지음 / 문학동네 펴냄, 2011년

· 《하나님이 내시는 길》 한 홍 목사 저 / 규장 펴냄, 2017년

· 《도올의 로마서 강해》 김용옥 저 / 도서출판 통나무, 2017년

· 《그림묵상》 석용옥 저 / 도서출판 지티엠, 2011년

· 《기대》 이용규 선교사 지음 / 규장 펴냄, 2016년

· 《내 생애 가장 따뜻한 날들》 박동규 저 / 리드리드 펴냄, 2014년

· 《백년을 살아보니》 김형석 지음 / Denstory 펴냄, 2016년

· 《기이한 세상》 강병균 지음 / 살림출판사 펴냄, 2016년

· 《장공의 생활신앙 깊이 읽기》 김경재 지음 / 도서출판 삼인, 2016년

· 《팀 켈러의 일과 영성》 팀 켈러 지음, 최종훈 옮김 / 두란노서원 펴냄, 2013년

· 《성경대로 비즈니스하기》 하형록 회장 지음 / 두란노서원 펴냄, 2017년

· 《꼴찌에게 보내는 갈채》 박완서 지음 / 세계사출판 펴냄, 2002년

· 《프랭크 루박의 편지》 프랭크 루박 지음 / 생명의말씀사 펴냄, 2014년

· 《둘레길》 이성률 시집 / 황금알 펴냄, 2015년

· 《융의 심리학과 기독교 영성》 에르나 반 드 빙켈 지음/한국심리치료연구소, 2010년

· 《임제록》 종관스님 강설 / 모과나무 펴냄, 2017년

· 《그리스도교 이전의 예수》 Albert Nolan, 정한교 옮김 / 분도출판사 펴냄, 2010년

· 《라면을 끓이며》 소설가 김훈 지음 / 문학동네 펴냄, 2015년

· 《두보 시선》 두보 지음, 이원섭 역해 / 현암사 펴냄, 2006년

· 《현자들의 평생 공부법》 김영수 지음 / 역사의아침 펴냄, 2011년

· 《도연명 시집》 김창환 역주 / 연암서가 펴냄, 2014년

· 《칠층산》 정진석 옮김 / 바오로딸 펴냄, 2009년

· 《느긋하게 걸어라》 조이스 럽 지음 / 복있는사람 펴냄, 2014년

· 《선시, 우리를 자유롭게 한다》 향적 스님 지음 / 조계종 출판사 펴냄, 2014년

· 《나의 사랑하는 여러분에게》 하용조 목사 저 / 두란노 출판, 2014년

· 《떠남》 이용규 선교사 지음 / 규장 펴냄, 2012년

· 《인간의 일생》 이재철 목사 저 / 홍성사 펴냄, 2020년

· 《루이스의 서재》 C. S. 루이스 / 홍성사 펴냄, 2009년

· 《다른 길》 박노해 시인 지음 / 느린걸음 펴냄, 2014년

· 《잠과 꿈을 통한 수행》 무명거사 옮김, 설오 스님 해설 / 도서출판 다래헌, 2011년

· 《나이 드는 내가 좋다》 요한 크리스토프 아놀드 저 / 포이에마 펴냄, 2014년

· 《토머스 머튼의 시간》 류해욱 신부 옮김 / 바오로딸 펴냄, 2010년

· 《일과 창조의 영성》 파커 J. 파머 지음, 홍병룡 옮김 / 아바서원 펴냄, 2013년

· 《귀향의 영성》 헨리나우엔 지음 윤종석 옮김 / 두란노서원 펴냄, 2013년